쉬운 정보,
만드는 건 왜
안 쉽죠?

**쉬운 정보, 만드는 건 왜 안 쉽죠?**
모두를 위한 쉬운 정보 제작 안내서

초판 1쇄 발행 2021년 4월 24일 ● 지은이 소소한소통
펴낸이 백정연 ● 펴낸곳 소소한소통 ● 출판등록 2018년 8월 1일 제2019-000093호
주소 서울특별시 영등포구 문래동5가 9, 벽산디지털밸리 207호 ● 전화 02-2676-3974 ● 팩스 02-2636-3975
이메일 soso@sosocomm.com ● 홈페이지 www.sosocomm.com

ISBN 979-11-91533-01-9  04330
ⓒ소소한소통, 2021

쉬운 정보를 만들어보자 01

소소한소통 지음

# 쉬운 정보, 만드는 건 왜 안 쉽죠?

모두를 위한 쉬운 정보 제작 안내서

**소소한소통**

## 추천의 글

영국에서 학습장애인을 위한 이지리드Easy-read 자료를 만드는
단체를 만난 적이 있다. 장애 당사자들과 함께 일상의 정보들을
읽기 쉬운 정보로 제작하는 그 단체의 책장을 처음 보았을 때,
나는 어떤 놀라운 인식의 전환을 맞이했던 것 같다.
왜 이전까지는 항상 개인이 난해한 정보를 이해하려 애써야
한다고만 생각했을까? 그 정보를 개인에게 맞추어 쉽게 바꿀 수도
있지 않을까? 이후 내가 인식의 전환이라고 생각했던 것을 단지
인식에 그치지 않고 실천의 영역으로 부단히 옮기는 사람들이
이곳에도 있음을 알게 되었다. 『쉬운 정보, 만드는 건 왜 안
쉽죠?』는 바로 그 인식을 현실로 바꾸는 사람들, 소소한소통의
4년간의 경험이 집약된 쉬운 정보 제작 안내서이다.

발달장애인들의 상당수는 쉬운 정보를 통해 타인과 적절히
의사소통하며 더 나은 삶을 살아갈 수 있다. 쉬운 정보를 제공하는
일은 정보 이해에 어려움을 겪는 사람들, 기존의 정보로부터
소외된 사람들을 동등한 사회 구성원으로 존중한다는 중요한

의미도 있다. 그렇다면 그 쉬운 정보를 어떻게 만들어야 할까? 장애가 개인의 문제가 아닌, 우리를 둘러싼 구조적인 소외와 배제의 문제임을 알아차리는 것이 첫 번째 관문이라면, '어떻게 그 구조를 바꿀 수 있을까'를 고민하는 두 번째 관문은 더욱 구체적이고 복잡한 질문으로 가득 차 있다.

다행히도 그 질문을 먼저 던지며 길을 만들어 온 이들의 지식이 『쉬운 정보, 만드는 건 왜 안 쉽죠?』에 고스란히 담겨 있기에, 우리는 정보 접근권을 향한 첫발을 지름길을 통해 내디딜 수 있다. 이 책은 글과 이미지, 지면 구성과 디자인, 당사자 감수에 이르기까지 쉬운 정보 인쇄물을 제작하면서 고려해야 하는 점들을 차근차근 소개한다. 풍성한 예시와 함께 하나씩 읽어 내려가다 보면 쉬운 정보가 말 그대로 '모두를 위한 정보'임을 마음 깊이 공감하게 될 것이다. 쉬운 정보를 제작하려는 실무자들뿐만 아니라, 장벽 없는 소통과 '알 권리'를 고민하는 모든 독자에게 권하고 싶은 책이다.

김초엽 『우리가 빛의 속도로 갈 수 없다면』 『사이보그가 되다』 저자

들어가며

# 쉬운 정보를 만들어보자

내 삶의 온전한 주인으로 살아가기. 당연한 것 같지만 이 일은
일상에서 수없이 반복되는 선택과 결정의 순간을 스스로
감당할 때 비로소 가능하다. 그런데 그 선택과 결정을 좌우하는
'정보'에서 소외되고 있다면?
일상 곳곳에 '쉬운 정보'가 많아져야 하는 이유가 여기에 있다.
'지피지기면 백전백승'이라고 했다. 쉬운 정보를 만들려면 쉬운
정보가 무엇인지부터 이해해야 한다.

## 쉬운 정보가 뭘까?

쉬운 정보란 말 그대로 '읽었을 때 이해하기 쉬운 정보'를 말한다.
언뜻 들으면 꽤나 명확한 정의 같지만 그렇지만도 않다. 쉽다는
기준이 저마다 다르기 때문이다. 같은 자료를 보고도 누구는 쉽게,
누구는 어렵게 느낀다. 관련 경험의 유무도 내용을 이해하는 데
영향을 미친다. 객관적으로 어려운 정보여도 경험자라면 쉽게

느낄 것이고, 별로 어렵지 않은 정보여도 관련 경험이 없는 사람은 어렵게 느낄 수 있다. 쉽다는 기준이 명확하지 않으니 쉬운 정보란 이런 것이다 하고 정의를 내리는 일도 쉽지 않다. 그래서 쉬운 정보를 만들 때는 쉬운 정보의 구성 요소를 이해하고, 각 요소에서 지켜야 할 기준을 따르는 게 중요하다.

쉬운 정보의 구성 요소는 내용과 형식 두 가지 측면에서 살펴볼 수

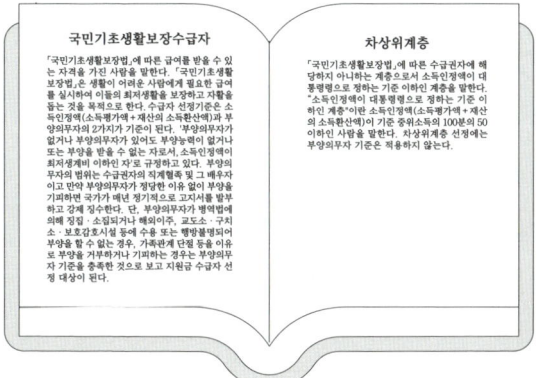

있다. 쉬운 정보 중에서 가장 많이 제작되는 형태인 종이 인쇄물을 예로 들면 다음과 같다.
내용 면에서 쉬운 정보란 쉬운 어휘와 단순한 문법 구조로 이루어진 글에 글의 의미를 보조하는 이미지(삽화나 사진)를 더한 것을 말한다.
형식 면에서 쉬운 정보는 다양한 요소의 영향을 받는다. 서체, 글자 크기, 자간, 어간, 행간, 글줄 길이, 정렬 방식 등 인쇄물의 내부를 구성하는 요소와 인쇄 용지, 제본 방식 등 인쇄물의 외형을 구성하는 요소를 함께 고민해야 한다.


## 쉬운 정보는 왜 필요할까?

우리는 인터넷 포털 사이트, 페이스북, 유튜브 같은 다양한 매체가 쏟아 내는 수많은 정보 속에서 살아간다. 그것뿐만이 아니다. 대중교통을 이용하고, 식당에서 밥을 먹고, 병원에 가고, 온라인으로 장을 보고 물건을 주문하는 평범한 일상을 보내는 동안 원하든 원하지 않든 매순간 정보를 마주하게 된다. 한 연구결과에 따르면, 현대인들이 하루에 접하는 정보의 양은 18세기 사람들이 평생 접하는 정보의 양과 같다고 한다.
일상에서 소소하고 빈번하게 일어나는 정보와의 접촉. 그리고 그에 대한 선택. 이 둘이 더해져 한 사람의 삶이 만들어진다. 중요한 것은 최근과 같은 감염병 시대에는 정보가 개인의 건강, 안전과 직결되어 있으며 삶의 질에 막대한 영향을 끼친다는 사실이다.
그렇다면, 이토록 중요한 일상의 정보는 모두에게 공평하게 주어지고 있는가? 쉬운 정보의 필요성은 이런 의문에서 출발한다.
이 질문은 쉬운 정보의 필요성을 알리는 출발점이자 존재
이유라고 할 수 있다.

## 발달장애인과 정보 접근권

우리나라는 「장애인복지법」에 따라 장애를 15개 유형으로
나눈다. 그중 지적장애와 자폐성장애를 통틀어 발달장애라고
한다. 발달장애인은 글을 읽고 쓰는 게 원활하지 않아서 정보를
이해하고 익히고 활용하는 데 어려움을 겪는 경우가 많다.
특히, 같은 연령대의 비발달장애인에 비해 사용하는 어휘 또는
언어적 표현이 제한적이어서 정보에 소외되기 쉽다.
이러한 배경 아래 정부는 2015년 11월 시행한 「발달장애인
권리보장 및 지원에 관한 법률」 제10조에 다음과 같이
규정하였다.

> "국가 및 지방자치단체는 발달장애인의 권리와 의무에 중대한
> 영향을 미치는 법령과 각종 복지지원 등 중요한 정책정보를
> 발달장애인이 이해하기 쉬운 형태로 작성하여 배포하여야
> 한다."

시각장애인이 점자나 음성 자료를 통해 정보를 확인하고
청각장애인이 수어로 의사소통을 하듯 발달장애인에게도 장애
특성에 맞는 정보 접근권이 마련된 것이다.
하지만 아쉬움이 크다. '발달장애인의 권리와 의무에 중대한
영향을 미치는 법령과 각종 복지지원 등 중요한 정책정보'가

무엇을 의미하는지, '발달장애인이 이해하기 쉬운 형태'가 어떤 걸 말하는지 구체적으로 밝히지 않았기 때문이다.

발달장애인을 위한 쉬운 정보를 실제로 만들고 활용하기 바란다면 가이드나 매뉴얼을 구체적으로 제시해 주어야 한다. 그래야 정부, 지자체, 사회복지 현장 등 발달장애인을 둘러싼 사람들이 쉬운 정보가 무엇인지, 왜 필요한지, 어떻게 만들어야 하는지 이해하고 적용할 수 있다.

그렇다면 다른 장애 관련 법률은 어떨까? 다음의 표를 함께 보자.

**장애인 정보 접근 지원에 관한 주요 법률 비교**

| 구분 | 시각장애인 | 청각장애인 | 발달장애인 |
|---|---|---|---|
| 장애인복지법* | 점자자료, 음성 변환용 코드가 삽입된 자료, 화면해설, 자막해설, 점자도서, 음성도서, 점자정보단말기 및 무지점자단말기 | 한국수어 통역, 폐쇄자막, 화면해설방송 | 없음 |
| 장애인차별금지 및 권리구제 등에 관한 법률** | 점자자료, 음성 변환용 코드가 삽입된 자료, 화면해설, 큰 문자자료, 화면낭독, 확대프로그램, 무지점자단말기, 인쇄물음성변환출력기 | 한국수어 통역, 음성통역, 폐쇄자막, 문자통역(속기), 보청기기, 화상전화기 | 없음 |

* 우리나라 장애인 복지에 관한 기본법. 장애인의 복지와 사회활동 참여 증진을 통한 사회통합을 목적으로 하는 법
** 줄여서 장애인 차별금지법. 장애를 이유로 한 모든 차별을 금지하고, 그러한 차별과 관련된 사람의 권리를 회복시킴으로써 장애인과 비장애인의 구별 없이 모든 사람에게 평등권을 실현하려는 법

「장애인복지법」과 「장애인차별금지 및 권리구제 등에 관한 법률」은 우리나라의 대표적인 장애 관련 법률이다. 두 법 모두 시각장애인이나 청각장애인이 정보에 소외되지 않도록 지원 방법을 구체적으로 정해 놓았다. 하지만 발달장애인을 위한 지원 방법은 전혀 언급하지 않는다. 장애 관련 법률에서조차 차별이 존재하니, 실생활에서 발달장애인이 느끼는 어려움은 일일이 설명하기 어려울 정도다.

## 쉬운 정보와 발달장애인

우리나라는 3년에 한 번씩 '장애인 실태조사'를 한다. 장애인 실태조사는 국내의 대표적인 장애 관련 통계다. 장애인이 어떻게 생활하고 있는지, 어떠한 정책을 더 필요로 하는지 등을 조사한다. 이 중 '의사소통 수행능력' 통계를 살펴보면 쉬운 정보를 필요로 하는 발달장애인이 얼마나 되는지 유추해 볼 수 있다.

**발달장애인의 의사소통 수행능력*(2017)**

| 구분 | 지적장애인 | 자폐성장애인 | 발달장애인 |
| --- | --- | --- | --- |
| 완전하게 의사소통 가능 | 6.8% | 1.3% | |
| 스스로 대부분의 의사소통 가능 | 29.9% | 24.6% | **27.25** |
| 스스로 간단한 의사소통 가능 | 29.7% | 25.6% | **27.65** |
| 도움을 통해 간단한 의사소통 가능 | 24.3% | 37.2% | **30.75** |
| 의사소통이 전혀 불가능 | 9.3% | 11.4% | |
| 전국 추정수 | 218,373명 | 23,775명 | 242,148명 |

\* 일상에서 상황과 정보를 이해하고, 타인과 그에 대해 이야기 나누는 능력

2017년에 발표된 이 통계를 보면, 지원만 있다면 타인과 의사소통할 수 있는 발달장애인이 약 85%에 달한다는 사실을 알 수 있다. 어느 정도의 지원을 통해 의사소통이 가능하다면 쉬운 정보를 통해서도 충분히 일상생활에서 정보를 활용할 수 있다. 즉, 많은 발달장애인이 쉬운 정보로 조금 더 다양한 일상을 경험하고 누릴 수 있는 것이다.

## 쉬운 정보는 어떤 형태로 제작될까?

그렇다면 세상의 수많은 정보 중 어디까지 쉬운 정보로 제작되어야 할까? 사람이 활동하는 모든 공간 속 모든 정보가 대상이 되어야 한다. 소소한소통 역시 '일상의 소소한 순간까지 소통의 어려움이 없는 삶'을 목표로 쉬운 정보의 범위를 확장해 나가고 있다. 범위가 확장되면서 그 정보를 담아내는 그릇도 자연스레 다양해지는 추세다. 앞으로 더 다양해질 테지만 현재는 대략 세 가지 형태로 제작되고 있다.

### 종이 인쇄물

쉬운 정보에서 가장 많이 제작되는 형태는 책, 브로슈어, 서식 등의 종이 인쇄물이다. 종이 인쇄물은 발달장애인 개인이 활용하기도 하고, 발달장애인을 지원하는 사람들이 교육 자료나 설명 자료로 활용하기도 한다. 현재 소소한소통에서 제작하는 쉬운 정보도 80% 이상이 종이 인쇄물이다.

영상

웹 기반의 콘텐츠와 영상을 선호하는 시대, 여기에 코로나19로 시작된 감염병 사회가 맞물리면서 사람들은 집에서 컴퓨터나 휴대폰으로 편하게 접할 수 있는 다양한 영상 콘텐츠를 요구하고 있다. 글보다 영상을 선호하고 필요로 하는 건 발달장애인도 크게 다르지 않다. 쉬운 정보에도 변화가 요구되는 것인데, 실제로 영상 형태의 쉬운 정보가 점차 늘고 있는 추세다.

사인물

여기서 사인물이란 카페나 음식점의 메뉴판, 관광지의 관광 안내도 등 특정 공간에서 활용되는 다양한 안내판과 표지판을 통칭한다.

**인쇄물**   **영상**   **사인물**

보건복지부

시청자미디어재단

화성시아르딤복지관

## 쉬운 정보의 구성 요소

### 쉬운 글

쉬운 글이란 문해력이나 인지 수준이 낮은 사람도 이해할 수 있는 글을 말한다. 쉽고 명확한 어휘, 복잡하지 않은 문장을 사용해야 한다. 한자어, 전문용어 등은 되도록 쓰지 말고, 일상 어휘를 사용해야 한다. 하지만 어려운 말이라고 해서 무조건 바꿔야 하는 건 아니다. 어렵더라도 소통을 위해 알아야 할 어휘가 있다면 그대로 살리고 설명을 덧붙이는 방식이 바람직하다. '앎'보다 중요한 건 지역사회에서 타인과 함께 살아가는 것이기 때문이다. 쉬운 글 쓰기는 어려운 어휘를 쉬운 어휘로 대체하기만 하면 되는 기계적인 작업이 아니다. 전달하려는 내용을 맥락에 맞게 쉽게 전달하는 것이 핵심이다.

### 이미지(삽화, 사진)

쉬운 정보에는 대부분 이미지가 들어간다. 이미지의 기능은 여러 가지지만 쉬운 정보에서만큼은 정보 전달 역할이 으뜸으로 꼽힌다. 따라서 이미지를 쓸 때는 보기 좋은 것보다 의미가 잘 전달되는 것을 골라야 한다.
한편, 쉬운 정보에서 이미지와 글은 함께 있을 때 좋은 시너지를 만들어 낸다. 이미지는 보는 사람마다 다르게 해석할 수 있기 때문에 혼자 쓰이기보다는 글과 함께 놓일 때 좀 더 분명하게 의미를 전달할 수 있다. 글 역시 혼자 쓰일 때보다 이미지가 더해질 때 좀 더 쉽고 빠르게 이해될 수 있다.

## 디자인

쉬운 정보는 내용적 측면과 형식적 측면을 모두 고려해야 하는데, 형식적 측면에서는 디자인이 큰 역할을 한다. 글과 그림이 조화를 이루고 정보 흐름이 잘 드러나도록 디자인해야 한다.

## 감수

감수는 쉬운 정보의 정확도를 높이기 위한 과정인데, 발달장애인 당사자 감수와 전문가 감수로 나뉜다. 당사자 감수에서는 당사자들이 이해하지 못하거나 모호하게 느끼는 부분을 걸러낸다. 쉬운 정보의 종류나 형태에 관계없이 반드시 진행해야 한다. 전문가 감수에서는 정보에 오류가 없는지 확인한다. 정보를 쉽게 바꾸는 과정에서 의미가 왜곡될 수 있기 때문이다. 전문가 감수는 주로 전문적 내용을 다룰 때 진행한다. 예를 들어, 근로계약서를 쉬운 정보로 만들 경우 노무사의 감수를 통해 근로기준법에 저촉되는 부분이 없는지 확인해야 한다.

쉬운 정보를 종이 인쇄물 형태로 만들 때는 한 가지 요소를 더 고려해야 한다.

## 책꼴

책꼴은 쉽게 말해 책의 모양새를 말한다. 책 크기, 책 두께, 종이 종류, 제본 방식, 인쇄 상태 등이 어우러져 하나의 모양새를 이루는데, 각 요소들은 가독성에도 영향을 미친다. 빛 반사가 덜한 종이, 큰 글자와 넉넉한 여백이 허용되는 판형, 펼침성이 좋은 제본 방식을 채택해야 가독성이 좋아진다. 따라서 책꼴은 기획 단계에서부터 고려되어야 한다.

**일러두기**
이 책에서 소개하는 '쉬운 정보 만들기'는 쉬운 정보 중에서
가장 많이 제작되는 형태인 종이 인쇄물을 만드는 과정으로 한정하였다.

목차

추천의 글 4

들어가며 6

쉬운 정보 만들기

1 기존 자료 검토 24

2 책꼴 결정 28

3 지면 구성 36

4 쉬운 글 작성 40

5 이미지 개발 50

6 디자인 60

7 편집 66

8 감수 70

9 인쇄·제작 78

+ 외주 제작 82

부록 1 쉬운 정보 예시 95

부록 2 쉬운 정보 체크리스트 127

나오며 142

참고문헌 144

# 쉬운 정보 만들기

쉬운 정보를 만드는 일은 일반적인 책자를 만드는 것과 비슷하면서도 다르다. 아예 처음부터 쉬운 정보로 제작한다면 크게 다르지 않을 테지만 아직까지 쉬운 정보는 기존에 있던 자료를 이해하기 쉬운 형태로 재가공하는 경우가 훨씬 많다. 그래서 다음 페이지에 노란색으로 표시한 부분처럼 일반적인 책자 제작에는 없는 과정이 추가될 뿐 아니라 같은 공정이라도 방향성과 방식에서 차이가 난다.

## 쉬운 정보 제작 과정

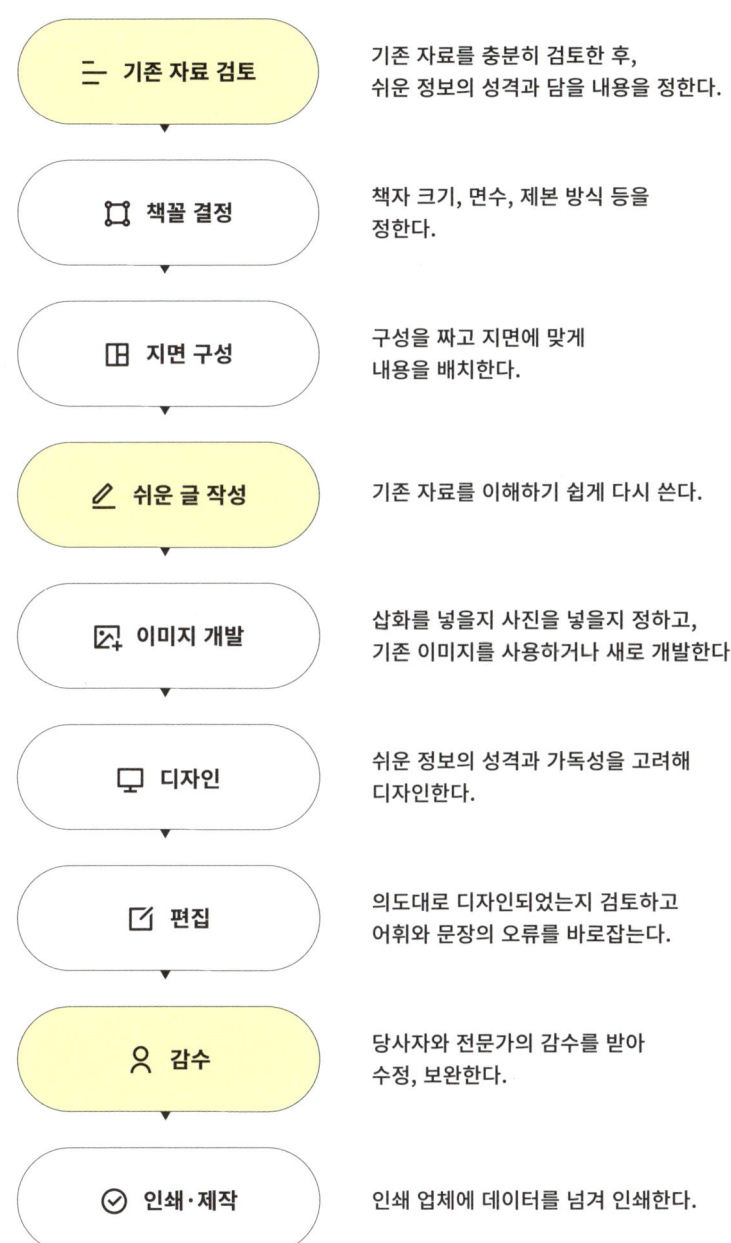

앞에서 소개한 제작 공정은 뒤에서 하나하나 살펴볼 계획이므로 여기서는 대략의 흐름만 봐두도록 하자.
여기서 해야 할 진짜 중요한 일은 제작 목적이 무엇인지 다시 한 번 확인하는 것이다.
뭔가를 만들 때는 먼저 그것을 왜 만드는지, 어디에 쓸 것인지 충분히 고민해야 한다. 어떤 것을 선택하느냐에 따라 많은 게 달라지기 때문이다. 쉬운 정보도 마찬가지다. 쉬운 정보를 만들다 보면 과정마다 선택의 순간을 마주하게 된다. 이 내용을 넣어야 할까 말아야 할까, 분량은 어느 정도가 적당할까, 책자는 큰 게 좋을까 작은 게 좋을까 등등. 분명한 제작 목적은 길을 잃고 헤맬 때마다 좋은 길잡이가 되어 준다. 다음의 두 가지 질문에 답해 보면서 제작 목적을 한 번 더 확인하기 바란다.

## 어디에 쓸 것인가

기관이나 사업을 알리기 위한 자료인지, 서비스를 잘 이용할 수 있도록 안내하는 자료인지, 지식이나 기술을 알려 주기 위한 자료인지를 분명히 하자. 쉬운 정보의 쓰임새가 분명해야 그 안에 넣어야 할 내용과 빼도 될 내용을 구분할 수 있다. 꼭 들어가야 하는데 누락된 정보가 있는지도 발견할 수 있다.

## 누가 읽을 것인가

읽는 사람이 누구냐에 따라서도 많은 게 달라진다. 독자를 발달장애인으로 한정하느냐, 가족이나 기관 실무자로 확장하느냐에 따라 난이도, 표현 수위, 표현 방식 등을 달리해야 한다. 주 독자층의 나이와 경험치가 비슷한지도 살펴볼 필요가 있다. 도서관 사서 보조 경험이 있는 사람들이 주 독자라면 그 업계에서 쓰는 용어를 다른 말로 풀지 않고 그대로 쓰는 게 더 적합할 것이다.

# 1   기존 자료 검토

쉬운 정보를 만들 때 가장 먼저 할 일은
기존 자료를 검토하는 것이다. 자료 검토는 단순히
자료를 읽고 이해하는 것만을 의미하지 않는다.
첫 번째 단추를 잘 꿰기 위해 무엇을 신경 써야 하고
어떤 것을 유념해야 하는지 살펴보자.

## 여러 번 읽는다

앞에서도 말했지만 쉬운 정보는 어려운 어휘를 쉬운 어휘로 대체하면 끝나는 단순 작업이 아니다. 문맥을 살려 쉽게 전달하는 게 핵심이다. 그러려면 먼저 자료를 여러 번 읽고 충분히 이해해야 한다. 배경지식이 있어야 이해할 수 있는 내용은 자료를 읽는 것만으론 부족하다. 잘 모르거나 명확하게 이해되지 않는 부분들은 인터넷이나 관련 서적을 참고해 해결한다. 읽는 이에게 무엇을, 얼마큼, 어떻게 전달하면 좋을까를 고민하며 자료를 검토하자.

## 추가 집필할 곳에 표시한다

쉬운 정보를 만들다 보면 독자들의 이해를 돕기 위해 기존 자료에는 없는 내용을 추가해야 할 때도 있다. 예를 들어, 돈 관리나 경제생활을 안내하는 자료에는 '수입'과 '지출'이라는 단어가 빠지지 않고 등장하는데 기존 자료에는 별다른 설명이 없다고 해도 쉬운 정보에서는 수입과 지출의 개념과 발생 경우에 대해 충분히 다뤄 주는 게 좋다. 이처럼 설명을 추가해야 하는 부분은 자료 검토 단계에서 체크한다. 그래야 지면을 배정할 때나 쉬운 글을 작성할 때 놓치지 않을 수 있다.

## 정보를 확인한다

정보의 생명은 정확성! 쉬운 정보 역시 정확한 내용을 싣기 위해 노력해야 한다. 용어, 서비스명, 장소, 날짜 등 기본 정보들이 맞게 들어갔는지, 설명에 오류가 없는지 인터넷이나 관련 서적, 참고 자료를 통해 확인하자. 단, 인터넷에서 자료를 찾거나 확인할 때는 공신력 있는 기관의 자료나 통계를 참고해야 한다. 자료 내용을 잘 아는 사람에게 물을 수 있다면 금상첨화다. 특히, 전문기술이나 지식을 배우고 익히는 데 필요한 정보라면 반드시 전문가의 도움을 받도록 하자.

## 범위를 정한다

『발달장애인을 위한 바리스타 업무 매뉴얼』을 만든다고 치자. 핵심 업무인 커피 제조에 대해서만 다룰 것인가, 재고 관리, 손님 응대 등 업무 전반에 대해서 다룰 것인가를 정해야 한다. 커피 제조 업무로 한정한다면 세세한 부분까지 자세하게 다룰 수 있지만, 업무 전반으로 확대한다면 카페 업무에 대한 전체적인 이해를 돕는 형식이 될 것이다. 이처럼 쉬운 정보에 담길 내용의 밑그림을 구상하는 것 또한 자료 검토 단계에서 할 일이다.

**순서**

**1장 커피 이해하기**
1. 용어 알기
2. 원두와 커피 알기

**2장 커피 만들기**
1. 에스프레소 머신 알기
2. 에스프레소 추출 준비하기
3. 에스프레소 추출하기
4. 커피용 우유 만들기
5. 커피 종류와 만드는 방법 알기

**3장 손님 응대하기**
1. 용모와 복장 정리하기
2. 손님에게 인사하기
3. 주문받기
4. 상품 전달하기
5. 손님 안내하기
6. 손님과 대화하기
7. 전화 예절
8. 상황별 대처 방안

**4장 매장 관리하기**
1. 에스프레소 머신 청소하기
2. 설거지하기
3. 제품 진열대 정리하기
4. 에스프레소 머신 주변 정리하기
5. 기기 청소하기
6. 매장 바닥 청소하기
7. 탁자 정리하기
8. 쓰레기 치우기

카페 업무 전반을 이해할 수 있도록 관련 내용을 폭넓게 담은 경우다.
커피 제조로 한정한다면 '2장 커피 만들기' 위주로 다루면 된다.

# 2 책꼴 결정

책꼴은 책의 모양새를 말한다.
책꼴에 영향을 미치는 요소는 아주 많다.
책 크기, 책 두께, 종이 종류, 제본 방식, 코팅 유무 등등.
각 요소는 모양새에도 영향을 미치지만 제작비와도
직결되므로 기획 단계에서 논의하는 게 좋다.
특히, 예산이 정해져 있는 경우라면 반드시 작업 전에
각 요소에 대한 논의를 매듭지어야 한다.

## 판형

판형은 책자의 크기를 말한다. 쉬운 정보를 만들 때는 이미지를 많이 넣고, 큰 글자를 사용하며, 여백을 넉넉히 두는 편이므로 보통 작은 판형보다는 B5 이상의 판형을 선호한다. 작은 판형이 불가하다는 얘기는 아니다. 판형은 주제, 활용 목적 등에 따라서 다양하게 시도해 볼 수 있다. 일례로, 소소한소통에서 펴낸 『선거를 부탁해』는 가로 130mm, 세로 190mm로 제작되었다. 선거라는 소재가 주는 무거움을 덜기 위해 한 면에 한 가지 문답만을 넣기로 해서 글밥이 많지 않은 데다가 외형적으로도 어렵지 않은 느낌을 주고 싶어 한 손에 잡히는 크기로 제작한 것이다. 만약 책자에 이미지, 표, 그래프를 많이 넣어야 한다면 가로로 넓은 판형을 고려해 볼 만하다.

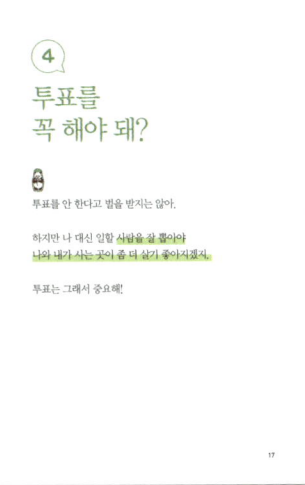

**쉬운 정보 유형별 추천 판형**

| 유형 | 판형 |
| --- | --- |
| 포스터 | A2 |
| 기관 소개 자료, 교육 자료, 양식·서식 | A4 |
| 기관 소개 자료, 책 | A5 |
| 기관 소개 자료, 교육 자료 | B5 |
| 책 | B6 |

## 종이

종이 인쇄물에서 종이의 역할은 아주 중요하다. 어떤 종이를 선택하느냐에 따라 두께와 무게, 가독성, 인쇄물의 인상 등이 결정되기 때문이다.

일반적으로, 쉬운 정보에는 모조지처럼 광택이 없는 용지를 많이 쓴다. 광택이 있으면 눈이 피로할 뿐 아니라 빛이 비쳤을 때 각도에 따라 글자가 잘 안 보이는 경우가 생기기 때문이다.

종이를 선택할 때는 두께도 고려해야 한다. 같은 종이라면 얇을수록 저렴하지만 너무 얇으면 뒷면의 내용이 비쳐서 읽는 데 방해가 된다. 모조지라면 최소 100g 이상을 사용하자.

표지와 내지에는 동일한 종이를 쓰기도 하고, 내지가 구겨지는 걸 방지하기 위해 표지에 좀 더 두꺼운 종이를 쓰기도 한다.

기관 소개 자료를 예로 들면 표지와 내지에 동일한 종이를 쓸 경우 통상 모조지 160g 또는 180g을 사용한다. 따로 쓸 경우 표지에는 180g 또는 210g을, 내지에는 100g 또는 120g을 사용한다.

## 색도

색은 쉬운 정보의 인상을 결정하는 중요한 요소 중 하나다. 이미지를 많이 넣고 강조 표시도 적절히 해야 하는 쉬운 정보의 특성상 색을 흑백으로만 구성하는 건 적합하지 않다. 색을 많이 써야 좋다는 뜻은 아니다. 때로는 색을 제한적으로 써야 메시지가 더 잘 전달되기도 한다. 자료와 삽화의 성격을 고려하면서 적당한 지점을 찾아보도록 하자.

**내일도 출근합니다(2도)**

**누워서 편하게 보는 복지용어(4도)**

## 제본 방식

쉬운 정보를 책자 형태로 만들려면 낱장 인쇄물을 하나로 묶어야 한다. 인쇄물을 묶는 작업을 제본이라고 하는데 제본에는 주로 풀, 철심, 실 등이 사용된다. 쉬운 정보를 만들 때는 철심을 사용한 중철제본이나 풀을 사용한 무선제본을 많이 이용한다.

중철제본은 중앙을 철심으로 박아 고정하는 방법을 말하는데 40쪽 이하의 책자에 적합하다. 펼침성이 좋아 보기 편하고 비용도 저렴하다는 장점이 있다.

무선제본은 풀을 사용하여 책을 묶는 방식을 말한다. 내구성이 좋아 서점에 놓이는 대다수의 책이 무선제본으로 만들어지지만 책등이 있어 펼침성은 좋지 않다.

무선제본의 단점을 보완한 게 퍼PUR 제본이다. 180도 가까이 펼쳐져서 보기 편하지만 특수 풀을 사용해 값이 비싸다.

**중철제본**

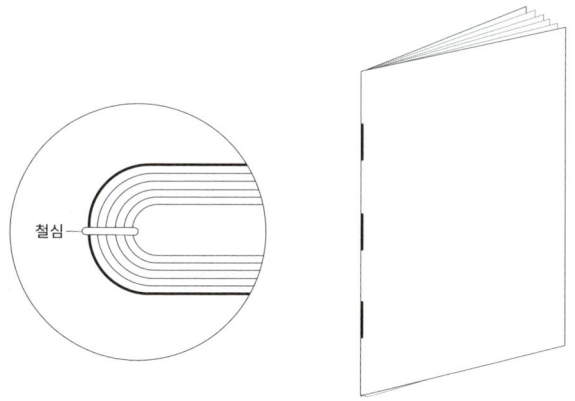

**무선제본**

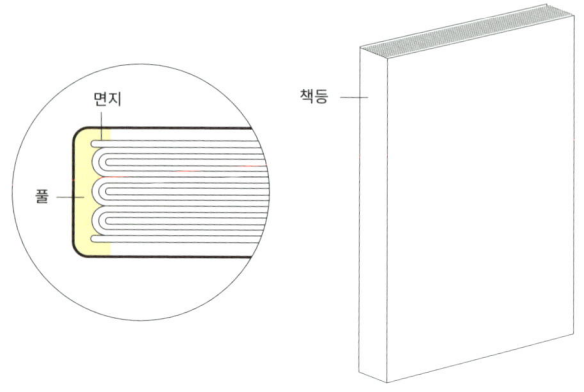

제본을 하지 않고도 책자를 만들 수 있는 방법이 있기는 하다. 종이를 묶지 않고 접어서 형태를 만드는 것인데 리플릿을 만들 때 많이 사용된다. 그런데 쉬운 정보를 만들 때 이런 접지 방식은 별로 권하고 싶지 않다. 면의 선후 관계가 불분명해 내용의 흐름이 헷갈릴 수 있기 때문이다.

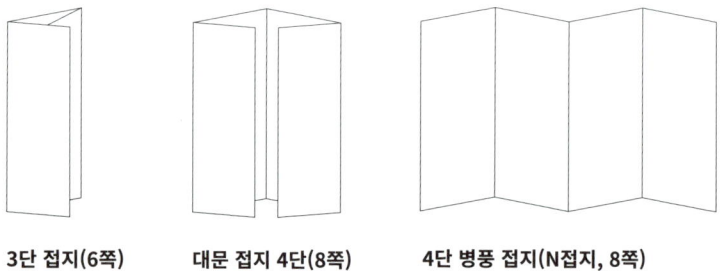

3단 접지(6쪽)   대문 접지 4단(8쪽)   4단 병풍 접지(N접지, 8쪽)

## 코팅

코팅은 오염, 구김, 찢김 등을 방지하기 위해 인쇄물 위에 얇은 막을 씌우는 걸 말한다. 얇은 막을 무엇으로 입히느냐에 따라 라미네이팅과 코팅으로 나뉘지만, 현장에서는 주로 코팅으로 통칭된다. 코팅은 광택 유무에 따라 유광 코팅과 무광 코팅으로 나뉜다. 사실, 오래 두고 볼 자료가 아니라면 굳이 코팅까지 할 필요는 없다. 코팅은 자주 보거나 오랫동안 보관해야 할 인쇄물에 하되, 쉬운 정보에는 빛 반사가 덜한 무광 코팅을 쓰도록 하자.

# 3  지면 구성

자료를 검토하고 책꼴까지 정했다면 이제 내용에
흐름을 부여할 차례다. 쉽게 말해, 목차를 구성하고,
목차에 맞게 내용을 배치하는 것이다.
지면을 어떻게 구성하느냐에 따라 자료 성격이
많이 달라지므로 이 과정에서는 조금 더 집중력을
발휘해야 한다.

## 비슷한 내용끼리 묶기

면을 구성할 때 제일 먼저 할 일은 비슷한 내용을 묶는 것이다. 기존 자료에는 각기 다른 항목에 들어 있었더라도 하나로 묶는 게 더 좋겠다고 판단되면 과감하게 해체해서 재분류해야 한다. 이때 내용의 균형을 맞출 수 있다면 금상첨화다. 제목 위계가 동일한데 내용이 어디는 너무 세세하고 어디는 너무 함축적이라면 전체적으로 잘 정리되었다는 느낌을 받기 어렵다.

## 순서 정하기

비슷한 내용끼리 묶었다면 배치 순서를 정할 차례다. 짜임새가 엉성하면 읽다가 다시 앞으로 돌아가야 하는 일이 생긴다. 반대로, 짜임새가 좋으면 책자의 전체적인 흐름과 소개하려는 내용이 잘 드러난다. 생소한 내용이 뒤에서 갑자기 툭 튀어나오지 않도록 관련 개념이나 배경에 대한 설명은 꼭 앞쪽에 넣어 주자.

## 면 배정하기

흐름에 맞게 순서를 정했다면 몇 쪽에 어떤 내용을 넣을지 구체적으로 자리를 잡아 줄 차례다. 다음을 고려해 면을 배정해 보자.

### 한 면에는 한 주제만, 한 주제는 한 면에만

한 면에 두 개 이상의 주제를 다루면 복잡하다고 여길 수 있다. 한 면에는 하나의 주제만 담도록 하자. 또, 가능하면 하나의 주제는 한 면 안에서 설명을 끝내는 게 좋다. 이해를 돕기 위해 자세하게 설명하고 싶어 하는 마음은 이해하지만, 내용이 길면 오히려 이해하는 데 방해가 되기도 한다. 물론, 한 면에 담으려고 노력했지만 내용이 많아서 한 면을 더 써야 할 때도 있다. 그럴 때도 옆면까지만 사용하고 이어지는 내용이 책장을 넘어가게 하지는 말자.

### 분량은 고르게

한 면에 들어가는 분량은 비슷하게 맞추는 게 좋다. 어느 면은 글이 너무 짧고, 어느 면은 욱여넣은 듯 보인다면 만듦새가 좋아 보이지 않는다. 한 면에 대략 몇 줄 정도 넣는 게 좋을지 미리 생각해 본 다음, 내용을 합치거나 쪼개서 분량을 맞춰 보자.

### 반복되는 단어는 한곳에

반복해서 나오는 어려운 어휘 중 알아야 할 표현이라서 쉽게 바꾸지 않은 게 있다면 한꺼번에 다뤄 줄 필요가 있다. 반복해서

나온다는 건 그만큼 중요한 개념어거나 자주 사용되는 말일
가능성이 크기 때문이다. 단어 풀이가 한곳에 있으면 본문을 읽기
전 준비 차원에서 보기 좋고, 다 읽은 후에도 필요할 때마다 다시
찾아볼 수 있어 유용하다.

### 목차 넣기

쉬운 정보의 분량이 적지 않다면 목차를 꼭 넣도록 하자. 대략적인
내용을 알고 싶을 때나 궁금한 부분을 빠르게 찾아볼 때 유용하다.

### 흐름이 잘 보이게

접지 방식을 권하지는 않지만 어쩔 수 없이 그 형태로 제작해야
한다면 면을 배정할 때 각별히 신경 쓰라는 말을 덧붙이고
싶다. 접히는 순서에 따라 읽히는 순서가 달라지기 때문이다.
머릿속으로만 생각하면 실수하기 쉬우니 종이를 실제로 접어 본
다음 면을 배정해 보자.

# 4  쉬운 글 작성

글을 쉽게 쓰는 건 결코 쉽지 않다.
쉽게 쓰려고 노력하고, 본래 전하려던 의미가
잘 담겼는지 고심하면서 고쳐 쓰고 또 고쳐 쓰는
것만이 유일한 왕도라고나 할까.
단어 하나를 고를 때마다,
문장 하나를 완성할 때마다 질문을 던져 보자.
'무엇이 더 쉬운가?',
'무엇이 더 정확하면서도 쉬운가?'

# 단어

## 쉬운 단어 고르기

쉬운 글이 되려면 먼저 단어가 쉬워야 한다. 보통은 한자어, 외국어보다 우리말이 더 쉽다. 하지만 우리말이 언제나 쉬운 건 아니다. '홈페이지'와 '누리집' 중 어떤 게 더 쉬울까? 많이 쓰이는 말이 더 쉽다. 우리말 권장 차원에서는 누리집을 써야겠지만 쉬운 정보에서는 사람들에게 익숙한 표현인 홈페이지를 쓰는 게 더 적합하다.

대체해야 할 쉬운 단어가 생각나지 않을 땐 유의어/반의어 사전을 참고하면 좋다. 포털 사이트의 국어사전에서 단어를 검색하면 유의어를 확인할 수 있다. 예를 들어, 상냥하다를 검색하면 유의어로 부드럽다, 친절하다 등이 제시된다. 제시된 단어가 문맥에 딱 들어맞지 않을 수도 있지만 의미를 전달하는 데 문제가 없다면 적확함보다는 전달성을 더 고려하자.

출처: 낱말 - 유의어/반의어

처음에는 쉬운 단어나 쉬운 표현으로 바꾸는 일이 막막할 수 있다. 무엇을 바꿔야 하는지 판단하기도 쉽지 않다. 참고가 될 수도 있을 듯하여 쉬운 정보를 만들 때 곧잘 등장하는 어려운 단어와 쉽게 바꾼 표현을 몇 가지 소개해 본다.

| 피할 단어, 표현 | 대체 단어, 표현 |
| --- | --- |
| 해소 | 없애기 |
| 협력 네트워크 | 함께 힘을 모으기 |
| 커뮤니케이션 | 이야기 나누기 |
| 모니터링 | 마음에 드는지 확인하기<br>계획대로 되고 있는지 확인하기 |
| 초기 | 처음 |
| 피드백 | 의견 주기 |
| 미션 | 하는 일, 해야 할 일 |
| 비전 | 꿈 |
| 진입 | 들어가다 |
| 문의 | 연락 |
| 부착 | 붙이다 |
| 서면 | 종이, 서류 |
| 절전 | 전기를 아끼다 |
| 편견 | 잘못된 생각 |
| 개별화 | 한 사람 한 사람에게 맞는<br>한 사람 한 사람에게 필요한 |
| 구직 욕구 | 취업을 원하는 |
| 대관 / 대여 | 빌리다 |
| 도보 | 걸어서 |
| 익일 | 다음 날 |

## 설명 덧붙이기

일상생활에서 자주 사용하거나 대체 불가하거나 꼭 알아 두어야 하는 단어는 어렵더라도 바꾸지 않고 그대로 사용하는 게 좋다. 그 대신 단어에 대한 설명을 덧붙여 이해를 도와야 한다.

요즘에는 음악을 들을 때 스트리밍* 서비스를 많이 이용합니다.

* 스트리밍: 음악이나 동영상을 저장하지 않고도 바로 듣거나 볼 수 있는 것을 말합니다.

고유명사(복지서비스 명칭, 기관명, 질병명 등)나 이미 널리 쓰여 사전에 등재된 신조어(워킹맘 등)도 소통을 위해 그대로 두고 설명을 덧붙이는 게 좋다.

## 새로 쓰기

더러 대체할 단어가 마땅하지 않을 때도 있다. 그렇다면 문장을 새로 쓰자. 상황에 맞지 않는 단어를 무리하게 바꿔 넣으면 억지 번역문처럼 어색하고 원문의 의미도 잘 살지 않는다.

'피해 장애인 쉼터'는 피해 장애인을 임시보호하고 사회복귀를 지원합니다.

↳ '피해 장애인 쉼터'는 다른 사람에게 심한 괴롭힘, 학대, 폭력을 당한 장애인을 안전하게 지켜 주는 곳입니다. 장애인이 잠시 머물며 다시 자립할 수 있도록 돕습니다.

## 독자에게 맞는 어휘 사용하기

쉬운 단어를 써야 한다고 하면 유아동기 어휘만 떠올리는데 그래서는 곤란하다. 쉬운 글이어도 주 독자의 생활연령에 맞는 단어를 써야 한다. 독자의 경험도 고려해야 한다. 예를 들어, 특정 직무훈련에 관한 자료를 만드는데 그 직무훈련을 경험한 사람이 주 독자층이라면 그 분야에서 사용하는 전문용어를 쓰는 게 바람직하다.

커피콩을 갈아서 커피물을 만듭니다.

↳ 원두를 갈아서 에스프레소를 추출합니다.

## 표현 통일하기

같은 것을 지칭하는 단어는 하나로 통일해 사용한다.
여기서는 옷, 저기서는 복장, 또 다른 데서는 의류라고 쓰면 각기 다른 의미로 받아들일 수 있다.

서비스를 신청할 때 연락처가 필요합니다. 단, 휴대폰 번호는 아무에게나 알려 주면 안 됩니다. 전화번호는 중요한 개인정보기 때문입니다.

↳ 서비스를 신청할 때 전화번호가 필요합니다.
　단, 전화번호는 아무에게나 알려 주면 안 됩니다.
　전화번호는 중요한 개인정보기 때문입니다.

정식 명칭과 약식 명칭을 혼용하는 것도 피해야 한다. 기관명이나 서비스 이름이 너무 긴 경우 통용되는 범위 안에서 약식으로 줄여 쓰는 건 괜찮다. 하지만 이때도 맨 처음에는 정식 명칭을 쓰고, '이 자료에서는 소소한소통을 줄여서 소소라고 표현합니다'와 같이 안내하도록 한다.

### 그 밖에 고려할 것

- 숫자: 아라비아 숫자로 표기한다.

  두 명 → 2명

  단, 의미가 헷갈릴 경우에는 숫자 대신 한글로 표기해도 좋다. 횟수를 나타낼 때 1번이라고 쓰면 순서로 오인하기 쉽다.
- 시간: 24시간 표시제 대신 12시간 표시제를 사용한다.

  14시 → 낮 2시
- 날짜: 년, 월, 일 등으로 표시한다.

  2020. 8. 8. → 2020년 8월 8일
- 돈: 천 원 이상의 단위는 한글로 표시한다.

  22,000원 → 2만 2천 원
- 특수문자나 기호: 되도록 한글로 표기한다.

  ₩10,000 → 10,000원

  밥&국 → 밥과 국

  다만, 자료 성격에 따라 유연하게 적용할 수 있다. 글이 너무 많은 자료에서는 기호가 더 직관적이다.

  6세~10세 → 6세~10세 또는 6세부터 10세까지

  10% → 10% 또는 10퍼센트

# 문장

### 필요한 내용만 남기기

형용사, 부사 등 수식어구는 최대한 덜어 내고, 의미 전달에 꼭 필요한 것만 남긴다.

00지역에서 살고 있는 발달장애인 당사자들이 모여 함께 회의를 통해, 00에서 살아가면서 직면하는 여러 가지 문제점들을 찾고, 효과적으로 해결할 방법을 함께 고민하고, 이를 개선하는 활동을 합니다.

↳ 00에 사는 발달장애인이 지역사회에서 겪는 어려움을 해결하기 위해 여러 가지 활동을 합니다.

### 한 문장에 하나의 정보만 담기

한 문장에는 하나의 정보만 담는다. 그렇지 않으면 문장이 길고 복잡해져 핵심 내용을 전달하기 어렵다.

산사태로 대피해야 할 때는 마을회관, 학교 등 산에서 멀리 떨어진 안전한 곳으로 빨리 피합니다.

↳ 산사태가 일어나면 빨리 피해야 합니다.
 산에서 멀리 떨어진 마을회관, 학교 등이 안전합니다.

### 단문으로 쓰기

쉬운 문장의 핵심은 간결함이다. 문장이 길어지면 글이 꼬이기 쉽고, 의미 전달에 문제가 생길 수도 있다. 특히, 접속어로 이어진

복잡한 문장은 쓰지 않는다.

감정을 밖으로 표현하는 것은 어렵지만 내 안의 슬픔이나 괴로움을 극복하는 과정이 될 수 있습니다.

↳ 감정을 밖으로 표현하는 것은 슬픔이나 괴로움을 극복하는 과정이 될 수 있습니다.

## 분명하게 밝혀 쓰기

우리말에서는 문장 성분이 곧잘 생략된다. 의미 전달에 문제가 없는 한 중복되는 문장 성분은 생략할 수 있고, 오히려 생략하는 편이 더 자연스러울 때도 있다. 하지만 쉬운 정보를 만들 때는 문장 성분을 생략하는 것에 주의해야 한다. 특히 주어의 생략을 주의한다. 주어가 동일한 문장이 여러 개 이어진다고 해서 주어를 생략해 버리면 뒤쪽에선 누가 그랬다는 것인지 헷갈릴 수 있다. 같은 이유에서 이것, 저것 등의 지시 대명사를 쓰는 것도 권하지 않는다. 지시 대명사 대신 가리키는 대상이 무엇인지 분명하게 밝혀 쓰도록 하자.

자조모임 친구들과 청계천 수족관 거리에 갔다. 거기에는 도마뱀, 다람쥐, 물고기, 거북이 등 동물들이 아주 많았다. 그것들을 보기 위해 온 사람들도 아주 많았다.

↳ 나는 자조모임 친구들과 함께 청계천 수족관 거리에 갔다. 청계천 수족관 거리에는 동물이 아주 많았다. 우리는 도마뱀, 다람쥐, 물고기, 거북이 등을 보았다. 청계천 수족관 거리에는 다양한 동물을 보기 위해 온 사람들이 아주 많았다.

## 서술형으로 쓰기

문장의 끝을 ~것, ~임, ~함 등으로 마무리하는 건 쉬운 정보에 적합하지 않다. 발달장애인 당사자들은 이보다는 서술형 문장을 더 잘 받아들인다.

동료상담을 통해 무력감을 딛고 주체적인 삶의 의지를 갖게 됨.
↳ 동료상담은 무엇이든 할 수 있다는 의지를 갖도록 도와줍니다.

## 은유, 비유, 추상적 표현은 쓰지 않기

속담, 관용어, 은유적 표현은 문자 그대로 이해할 확률이 높다. 쉬운 정보에서는 최대한 직설적, 사실적으로 표현하도록 하자. 은유, 비유, 추상적 표현을 꼭 써야 한다면 맥락을 이해할 수 있는 예시 등을 함께 제시한다.

어떤 일을 처음 하다 보면 길을 잃고 헤맬 수도 있습니다.
↳ 어떤 일을 처음 하다 보면 방법을 몰라서 막막할 수 있습니다.

## 능동문, 긍정문 쓰기

우리말에서는 피동문이 부자연스러울 뿐 아니라 이해를 더디게 만든다. 꼭 필요한 경우가 아니라면 능동문을 쓰자.
긍정문으로 쓸 수 있는데 굳이 부정문을 쓰는 것도 바람직하지 않다. 이중부정은 헷갈리므로 특히 피한다.

밥 먹기 전에는 손을 반드시 씻지 않으면 안 됩니다.

↳ 밥 먹기 전에는 손을 반드시 씻어야 합니다.

단, 안전을 위한 경고문은 부정문이 더 효과적일 수 있다.

뜨거우니 만지지 마세요!
미끄러우니 뛰지 마세요!

# 5 이미지 개발

쉬운 정보에서 이미지는 매우 중요하다.
때로는 글보다 더 효과적으로 정보를 전달한다.
쉬운 정보에 이미지를 넣을 때에는 미적 기능보다
전달 기능을 더 고려하도록 하자.

## 이미지의 특성

### 높은 접근성

이미지는 글을 아는 사람에게나 글을 모르는 사람에게나 누구에게든 쉽게 다가갈 수 있다. 적절히 표현되기만 하면 훌륭한 정보 전달 도구가 된다.

### 빠른 전달력

열 마디 설명을 하나의 이미지로 대신할 수 있다. 특정 인물, 특정 장소, 특정 동작 등을 표현할 때 특히 유용하다. 어떤 옷을 입었고, 머리 스타일이 어떻고, 키가 얼마고 장황하게 설명할 필요가 없다. 이미지 하나면 충분하다.

**농사일에 맞는 옷차림**

바깥에서 일할 때에는 긴팔, 긴바지를 입는 게 좋습니다.
햇빛을 가릴 수 있는 모자도 씁니다.
발에 흙이 많이 묻기 때문에 장화를 신는 게 좋습니다.

### 흥미 유발

글만 있을 때보다 글과 이미지가 함께 있을 때 호기심이 상승한다. 이미지는 흥미를 불어넣고, 읽기에 대한 거부감을 낮추며, 집중력을 높인다.

### 기억의 용이함

이미지는 글보다 각인효과가 크다. 그래서 쉬운 정보를 만들 때는 어려운 내용뿐 아니라 중요한 내용에도 이미지를 곁들여 오래 기억에 남도록 돕는다.

### 객관성 확보의 어려움

같은 이미지라도 보는 사람에 따라 다르게 해석할 수 있기 때문에 이미지만으로는 정보의 객관성을 확보하기 어렵다.

## 이미지 활용 시 고려할 점

### 이미지 넣을 부분 선별하기

쉬운 정보라고 해서 모든 내용에 이미지를 곁들여야 하는 건 아니다. 이미지를 더했을 때 내용이 빠르고 명확하게 이해되는 경우에는 적극적으로 활용해야겠지만, 이미지로 표현하기 어렵거나 이미지가 오히려 내용을 이해하는 데 방해되는 경우에는 넣지 않는다.

### 이미지 구체화하기

이미지 넣을 부분을 결정했다면 그중에서 어떤 내용을 이미지로 구체화할지 정해야 한다. 글 내용을 모두 담을 수 없으므로 내용의 핵심을 짚어 간결하게 표현하는 게 중요하다.

### 이미지 형태 정하기

쉬운 정보에서는 이미지로 삽화나 사진이 많이 사용된다. 어떤 때는 삽화가, 어떤 때는 사진이 효과적이다. 삽화는 활용 폭이 넓다. 원하는 걸 표현할 수 있고 추상적인 개념을 나타내기도 수월하다. 사진은 실제 존재하는 특정 인물이나 공간, 사물 등을 나타낼 때 효과적이다. 하지만 상황에 딱 맞는 컷을 구하기 어렵고 추상적인 개념을 설명하는 데도 한계가 있다. 이런 이유로 쉬운 정보에서는 사진보다 삽화를 더 많이 사용한다.

## 이미지 개발 여부 정하기

이미지는 새로 개발할 수도 있고 이미 있는 것을 활용할 수도 있다. 새로 그리거나 찍을 경우, 내용에 딱 맞는 걸 얻을 수 있으나 아무래도 비용이 더 든다. 반대로, 기존 이미지를 사용한다면 비용을 절감할 수 있으나 딱 들어맞는 이미지는 포기해야 하는 경우도 생긴다. 참고로, 기존 이미지를 활용할 때는 저작권에 문제가 없는지 확인해야 한다. 비용을 지불했어도 용도에 제한이 있을 수 있으니 잘 확인하도록 하자.

## 전체적인 조화 고려하기

쉬운 정보에서 이미지가 맡은 가장 큰 역할은 정보 전달이지만 이미지 고유의 미적 기능을 아예 배제할 수는 없다. 정보 전달을 해치지 않으면서도 전체적으로 보기 좋게 조화를 이루려는 노력이 필요하다. 완성도를 높이고 싶다면 어떤 이미지를, 얼마큼 사용할지 고민하자. 쉬운 정보의 인상은 이미지에 의해서 크게 달라진다.

## 삽화 개발 시 고려할 점

### 핵심만 단순하게 표현하기

삽화는 핵심 내용만 넣어 불필요한 곳에 시선을 뺏기지 않도록 한다. 배경을 예로 들자면, '주인공이 어디에서 무엇을 한다'라는 핵심만 파악할 수 있게 장소를 대표하는 한두 가지 정도만 넣는 게 좋다. 막힘없이 읽히는 글이 좋은 글이듯 그림 역시 다른 곳으로 한눈팔지 않게 하는 그림이 좋은 그림이다. 적어도 쉬운 정보에서는 그렇다.

**맞춤형 일자리 사업(숙박업체 정리 및 청소)**

### 등장인물의 통일성 유지하기

쉬운 정보 하나에 인물이 너무 많이 등장하거나 인물의 특색이 자주 바뀌면 내용에 덜 집중하게 된다. 등장인물을 최소화하고, 머리 모양과 복장 등을 일관되게 표현하자.

## 구체화하기

추상적 개념은 쉬운 정보에서 그림으로 표현하기 까다로운 것 중 하나다. 경험상 제일 좋은 방법은 추상적 개념을 구체적으로 보여주는 상황이나 실제 환경·사물을 동원해 묘사하는 것이다.

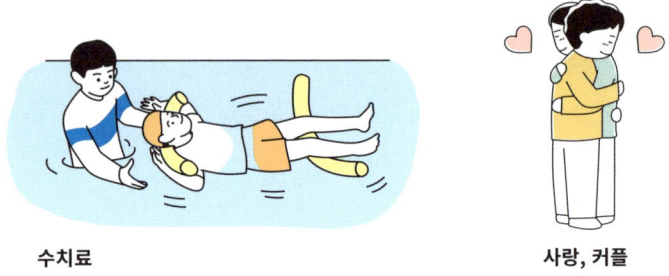

**수치료**                    **사랑, 커플**

## 상징적 그림 지양하기

상징적 그림 역시 쉬운 정보에 적합하지 않다. 상징도 익혀야 알 수 있는 또 하나의 정보기 때문이다. 화장실, 비상구 등 익숙하고 직관적인 픽토그램은 예외로 두긴 하지만, 화장실 같은 경우에도 남녀 모습의 픽토그램만 넣는 것보다 화장실 내부 이미지를 함께 제공하는 편이 더 효과적이다.

## 추가 요소 활용하기

그림은 간결해야 좋지만 강조를 위해 요소를 추가해야 할 때도 있다. 인물의 몸짓, 손짓, 익숙한 기호(화살표 등)를 더해 원하는 바를 강조하되, 너무 남발하진 않도록 하자.

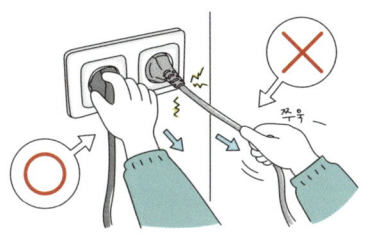

**코드 안전하게 뽑는 법**

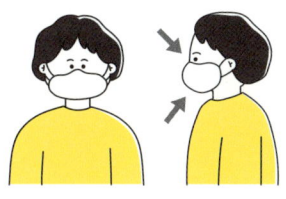

**마스크 바르게 쓰는 법**

## 인권감수성 고려하기

그림에 편견이 담기지 않도록 신경 써야 한다. 그림을 그릴 때 나이, 젠더, 장애, 인종 등을 고려하고 인권감수성에 어긋나게 묘사된 부분들이 없는지 점검한다. 예를 들어, 학대 피해자를 모두 여성으로 그리거나 발달장애인을 도움을 받기만 하는 존재로 그리지 않도록 주의해야 한다.

## 사진 활용 시 고려할 점

### 해상도

해상도가 낮으면 전달력이 떨어진다. 종이 인쇄물에 사용되는 사진은 해상도가 300dpi 이상이어야 한다. 카메라로 찍지 않아도 괜찮다. 휴대폰으로 찍은 사진이라도 해상도가 좋으면 사용할 수 있다. 참고로, 중요한 사진은 평소 대용량으로 따로 보관해 관리하도록 하자.

### 프레임

멋지고 화려한 사진보다는 전달하려는 내용이 잘 드러나는 사진이 좋다. 배경이 아무리 멋지더라도 꼭 필요한 경우가 아니라면 덜어 내는 게 좋다. 직접 찍을 거라면 관련 없는 인물이나 물건 등이 사진에 담기지 않도록 하자. 기존에 있는 사진을 활용한다면 조금 재미없고 덜 예뻐 보여도 불필요한 부분은 과감하게 잘라 내자. 칼 쥐는 법을 설명하는데 싱크대 전체가 나와야 할 이유가 없는 것이다.

### 각도

직접 찍을 거라면 정보를 제일 잘 보여 주는 각도에 대해 연구하자. 같은 피사체여도 위에서 찍을 때와 아래서 찍을 때, 또 정면에서, 옆에서 찍을 때가 다 다르다.

예를 들어, 조리법을 알려 줄 때는 요리하는 사람의 시선을 따라 위에서 아래를 향하는 각도로 촬영한 사진이 적합하다. 재료나 도구 사용법 등을 정확하게 볼 수 있고 실제 요리를 할 때의 시선과

유사하기 때문에 이해하기 쉽다. 운동 모습을 촬영할 때는 동작이 잘 보여야 한다. 해당 신체 부위의 각도나 움직임이 잘 보이는 방향을 골라서 촬영한다.

# 6 디자인

쉬운 글이 전달하고자 하는 바를 효과적으로 나타낼 것,
쉬운 정보의 주 독자층에게 적합한 디자인일 것,
보기 좋은 것보다 전체적인 조화를 추구할 것.
한 단어로 압축해 표현한다면 '가독성'이다.
가독성을 고려한 디자인이 쉬운 정보에서는
최고의 디자인이다.

## 쉬운 정보에서 고려해야 할 디자인 요소들

### 서체

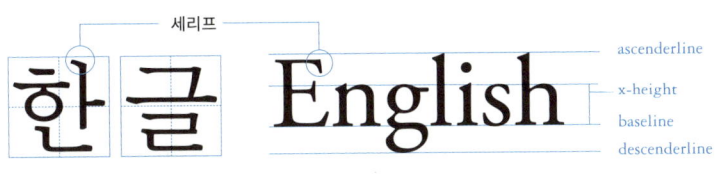

한글은 정방형의 구조인데 위나 정가운데가 무게중심이 된다

영어는 글자몸통이 베이스라인과 엑스하이트선으로 형성되고 베이스라인이 무게중심이 된다

서체는 크게 세리프 serif와 산세리프 sans-serif로 나뉜다. 세리프는 글자와 기호를 이루는 획의 일부 끝이 돌출된 글씨체를 뜻하는데 한글의 바탕체가 여기에 해당한다. 산세리프는 획의 삐침이 없는 글씨체를 뜻하는데 한글의 돋움체가 여기에 해당한다.
쉬운 정보에서는 산세리프 계열의 서체를 선호한다.
영국에서 만든 쉬운 정보 제작 가이드를 보면 세리프 서체를 쓰지 않는 게 좋다고 나와 있다. 하지만 한글의 경우 꼭 그렇지는 않다. 영어와 한글의 구조가 다르고 우리나라는 교과서나 일반 서적에 바탕체를 많이 쓰기 때문에 바탕체를 써도 크게 무리가 없다.
본문 서체 크기는 지면의 크기와 여백에 따라 일반적으로 8~12pt를 사용하지만 쉬운 정보에서는 10~15pt 사이에서 적절하게 사용한다. (영국 자료에 의하면 영어는 12pt 이상 권장.)
서체가 달라지면 글자 크기도 달라진다.
같은 자료 내에서는 서체 종류가 3개를 넘지 않도록 하고, 바탕색과 명확히 구분되는 색을 사용한다. 모든 조건이 같더라도 어떤 서체를 쓰느냐에 따라 가독성이 떨어질 수도, 높아질 수도 있다.

### 행간(줄 간격)

행간은 문서 크기, 글자 크기, 글줄 길이, 여백 크기에 영향을 받는다. 한글 문서를 기준으로 한다면 A4 규격, 글자 크기 10pt일 때 행간은 180% 정도가 적절하다. 행간이 너무 좁을 경우 어간들의 흰 여백이 상하로 이어져 마치 흰색의 강줄기처럼 보이는 흰강white river 현상이 생길 수 있으므로 주의해야 한다. 문단 사이는 행간보다 더 띄워서 내용이 시각적으로도 구분될 수 있도록 한다.

일반 서적보다는 행간을 더 많이 준다. 적절한 행간은 문서 크기, 글자 크기, 글줄 길이, 여백 크기에 영향을 받는다. 한글 문서를 기준으로 한다면 A4 규격, 글자 크기 10pt일 때 행간은 180% 정도가 적절하다. 행간이 너무 좁을 경우 어간들의 흰 여백이 상하로 이어져 마치 흰색의 강줄기처럼 보이는 흰강white river 현상이 생길 수 있으므로 주의해야 한다. 문단 사이는 행간보다 더 띄워서 내용이 시각적으로도 구분될 수 있도록 한다.

### 배열(레이아웃)

레이아웃은 글, 그림, 사진, 표, 그래프 등 지면에 몇 가지 요소가 들어가는지 고려해 그때그때 적절하게 잡는다. 글줄은 되도록 단column을 나누지 않는 게 좋다. 글과 이미지를 나란히 놓아야 할 경우에는 좌-우, 상-하 등과 같이 일정한 규칙을 정해 배치하자. 페이지마다 다르게 배치하면 흐름을 이해하기 어려울 수 있다.

## 정렬

일반 책자에서는 양쪽정렬을 많이 사용하지만 쉬운 정보에서는 왼쪽정렬을 선호한다. 왼쪽정렬은 글줄의 길이가 달라 율동감이 있으며 일정한 어간을 유지하기 때문에 가독성이 높다. 하지만 한쪽으로 볼록하거나 오목한 형태가 되지 않도록 주의하고 전체적으로 조형적인 리듬감을 잃지 않도록 신경 써야 한다.

## 여백

여백 없이 검정색 글자가 빽빽하게 들어가면 지면이 어두워 보이고 여백을 적절하게 주면 글자가 밝아 보인다. 적절한 여백은 또한 읽기 부담을 덜어 주고 내용에 집중할 수 있게 해준다. 지면을 무리하게 채우지 말고 적절한 여백을 확보해 전달력을 높이도록 하자.

## 제목

제목은 장제목, 중제목, 소제목 등으로 나뉘는데 위계가 잘 드러나도록 디자인하는 게 중요하다. 서체의 종류·크기·색과 정렬 방식 등을 활용해 명확하게 구분 짓도록 한다.

## 쪽 번호 표기

쪽 번호는 독자가 정보의 위치를 찾도록 돕는 역할을 한다. 쉬운 정보는 교육 자료로 활용되는 경우가 많으므로 쪽 번호를 넣는 게 좋다. 본문을 읽는 데 방해가 되지 않도록 쪽 번호의 위치나 크기, 표기 방식 등을 고려하자.

## 기타

장을 확실하게 구분하고 원하는 내용을 빨리 찾아보고 싶다면 책자 위쪽이나 옆쪽에 색인표를 넣는 것도 좋은 방법이다. 그게 여의치 않다면 장제목이 들어가는 면을 본문과 확연히 다르게 디자인하는 것도 방법이다.
또, 목차를 디자인할 때는 제목과 쪽 번호가 잘 연결되어 보이도록 신경 쓴다.

## 가독성과 판독성

앞에서 살펴본 디자인 요소들은 궁극적으로 가독성과 판독성을 위한 것이다. 가독성이 신문 기사, 서적과 같이 많은 양의 텍스트를 얼마나 쉽게 그리고 빨리 읽을 수 있느냐를 말하는 것이라면 판독성은 헤드라인, 차례, 로고타이프와 같이 짧은 양의 텍스트를 얼마나 잘 식별할 수 있느냐를 말하는 것이다. 이 두 가지는 각기 다른 기능을 발휘하지만 읽기의 능률이라는 하나의 목표를 지향한다. 쉬운 정보에서 이 두 가지는 매우 중요하다.

### 가독성
가독성은 익숙하고 친숙한 서체와도 관련되어 있다.
"좋은 인쇄물은 글자가 눈에 보이지 않아야 한다"는 말이 있다.
글을 읽다가 멈칫하는 일이 없도록 익숙한 서체를 써야 한다.

### 판독성
도드라짐 없이 물 흐르듯 자연스러운 것이 가독성의 특징이라면 판독성의 특징은 다른 것들과 명확히 구별되는 것이라고 할 수 있다.
판독성은 신문이나 뉴스의 헤드라인, 사전의 표제어 같은 제목 서체와 관련되어 있다. 사용 목적과 독자(연령, 교육, 문화적 환경과 내용)를 고려한 서체가 판독성을 높인다. 판독성은 글자 획의 굵기에도 영향을 받는다. 획의 굵기가 너무 굵으면 글자 내부의 흰 공간이 거의 사라져 판독이 어렵고, 획의 굵기가 너무 가늘면 글자와 바탕의 식별이 그만큼 떨어져 판독성이 떨어진다.

# 7 편집

쉬운 정보 전반을 검토하는 일과 교정교열은 엄연히
다른 작업이지만 실제로는 동시에 진행되는 경우가
많다. 이 책에선 편의상 '편집'으로 묶어 살펴보려 한다.
쉬운 정보는 꼼꼼한 검토 과정을 통해 완성된다.
단어, 문장, 문맥부터 그림과 디자인 요소까지,
쉬운 정보에 들어가는 모든 요소가 검토 대상이 된다.
교정교열 팁과 편집 체크리스트를 통해
쉬운 정보의 완성도를 높여 보자.

## 편집 검토 시 고려할 점

### 새로운 눈으로 검토하기

교정교열은 글을 작성하지 않은 사람이 하는 게 좋다. 글을 작성한 사람은 이미 그 글에 익숙해져 있고 본인의 글쓰기 스타일이 있기 때문에 오류가 있어도 발견하기 쉽지 않다.

### 충분한 시간 확보하기

교정교열은 틀린 글자 찾기가 아니다. 오탈자가 없는지, 띄어쓰기와 맞춤법이 맞게 되어 있는지, 문장의 뜻이 명료한지, 문장이 논리적인지 등을 살피고 오류를 바로잡는 일이다. 자료를 읽고, 정보를 확인하고, 오류 수정 방안을 모색할 시간을 미리 확보하도록 하자.

### 맞춤법, 띄어쓰기, 표기 확인하기

교정 업무에서 가장 기본이 되는 것은 맞춤법과 띄어쓰기다. 국립국어원 표준국어대사전, 네이버 띄어쓰기 등을 활용하면 좋다. 카카오톡 채널 '우리말365'를 통하면 하루에 5개까지 질문할 수 있는데 답변도 빠른 편이라 급할 때 유용하다. 출판 편집자들의 참고서적으로 잘 알려진 『열린책들 편집 매뉴얼』(열린책들)도 꽤 유용하다.
같은 자료 내에선 표기나 띄어쓰기를 통일하자. 퍼센트는 %나 퍼센트로 표기할 수 있는데, 같은 자료 내에선 둘을 혼용하지 말고 %나 퍼센트 중 하나로 통일해 사용하자는 뜻이다.

**자주 틀리는 단어, 표현**

| 단어 | 예시 |
|---|---|
| 맞추다 | 서로 정답을 맞추어 보다. |
| 맞히다 | 정답을 맞히다 |
| 빌다 | 소원을 빌다. |
| 빌리다 | 이 자리를 빌려 감사 말씀 드린다. |
| 새다 | 밤이 새도록 놀았다. |
| 새우다 | 밤을 꼬박 새웠다. |
| 피다 | 장미꽃이 피다. / 장미꽃을 피우다. |
| 피우다 | 담배를 피우다. |
| 같이 하다(함께 하다) | 축구를 같이 하다. |
| 같이하다(함께하다) | 당신과 늘 함께하다. |
| 들어 주다 | 누나 말을 들어 주다. |
| 들어주다 | 친구 부탁을 들어주다. |
| 년도 | 2021년도 졸업식 |
| 연도 | 졸업 연도 |
| 머릿속 | 머릿속이 하얗다. |
| 머리 속 | 머리 속에 상처가 났다. |

## 디자인 검토하기

글과 그림이 잘 연결되는지, 보기 좋게 어우러지는지, 디자인 요소가 가독성을 방해하진 않는지, 디자인 과정에서 글이 누락되진 않았는지, 목차의 제목과 본문의 제목이 상이하지 않은지, 목차의 쪽 표기와 본문 쪽수가 일치하는지, 최종 수정된 제목이 표지와 본문에 맞게 수정되어 있는지 등등을 살핀다. 제목, 저자, 발행일 등 중요한 정보는 인쇄를 넘기기 전에 잊지 말고 한 번 더 확인한다.

**편집 체크리스트**

| 점검할 사항 | 체크 |
|---|---|
| 어려운 단어는 없는가? | ☐ |
| 오자, 탈자는 없는가? | ☐ |
| 명칭 등을 일관되게 표기했는가? | ☐ |
| 정보에 오류가 없는가? | ☐ |
| 복잡한 문장은 없는가? | ☐ |
| 주어와 서술어가 호응하는가? | ☐ |
| 중의적 표현을 사용하진 않았는가? | ☐ |
| 의도와 다르게 전달되는 부분은 없는가? | ☐ |
| 디자인 과정에서 누락된 내용은 없는가? | ☐ |
| 이미지가 글의 의도를 잘 나타내는가? | ☐ |
| 글과 이미지가 잘 연결되는가? | ☐ |
| 여백이 너무 없어서 읽는 데 불편하진 않은가? | ☐ |
| 목차 스타일이 위계에 맞게 적용되었는가? | ☐ |
| 서체, 기호 등 스타일이 일관성 있게 적용되었는가? | ☐ |
| 쪽 번호가 바르게, 빠짐없이 들어갔는가? | ☐ |
| 목차와 본문 표기(제목, 쪽수)가 통일되어 있는가? | ☐ |
| 표지에 들어간 제목이 최종 제목인가? | ☐ |

# 8 감수

본 장에서는 자료의 성격에 관계없이 반드시
진행해야 하는 당사자 감수에 대해 살펴보기로 한다.
당사자 감수는 만들어진 정보가 실제 유용한지
당사자에게 직접 확인하는 과정으로서,
쉬운 정보가 목적에 맞게 제작되었는지를 확인하는
가장 중요한 척도가 된다.
당사자 감수는 제작 실무자가 당사자와
직접 만나 소통하는 방식이 가장 효과적이다.
부족한 부분이 무엇인지 정확하게 알 수 있고,
비언어적 표현까지 포함된 솔직한 피드백을
얻을 수 있기 때문이다.

## 감수회의 준비

### 감수위원 선정하기

사람이 너무 많으면 의견을 충분히 주고받기 어렵다. 인원은 3~5명 정도가 적당한데 여성, 남성, 지적장애인, 자폐성장애인을 골고루 참여시키면 다양한 의견을 들을 수 있다. 특정 주제와 연관된 자료라면 유사 경험이 있는 사람을 섭외하는 게 좋다. 감수위원은 글을 읽고 이해할 수 있는 정도의 문해력을 지닌 사람이 적합하다. 신문기사와 같은 난이도 있는 글을 소화할 수 있는 사람이 한두 명 있어도 괜찮다. 어느 정도의 문해력을 가진 사람은 다수의 당사자를 대변해 난이도를 조절하는 데 도움을 줄 수 있다. 문해력이 상대적으로 높은 사람은 당사자로서 어떤 표현이 더 쉽게 느껴지는지 또는 무엇 때문에 헷갈리는지 설명해 줄 수 있다. 사실, 문해력 수준보다 더 중요한 건 솔직함이다. 모르면 모른다고 솔직히 말하는 사람이 필요하다.
어느 정도의 문해력, 솔직함, 자기 의견을 말할 수 있고 대화를 주고받을 수 있는 소통력, 회의 장소로 올 수 있는 이동력만 있다면 얼마든지 감수위원으로 참여할 수 있다.

### 적절한 시기 정하기

감수회의는 디자인을 끝낸 이후에 진행하는 게 좋다. 감수회의에서 점검할 사항이 글과 이미지만은 아니기 때문이다. 전반적으로 쉬운 정보에 걸맞게 디자인되었는지도 봐야 하므로 디자인 작업까지는 마치고 진행하도록 하자.

### 장소, 시간, 수당 안내하기

회의 장소는 누구나 쉽게 올 수 있고 편하게 둘러앉아 이야기 나눌 수 있는 곳이 좋다. 쉬운 정보를 계속 만들 계획이 있고 감수회의도 자주 할 생각이라면 장소를 매번 바꾸지 말고 한 군데로 정할 것을 권한다. 환경이 익숙해야 긴장하지 않고 편하게 의견을 나눌 수 있다.

회의는 2시간을 넘기지 말자. 시간이 길어지면 집중력이 떨어지게 마련이다. 감수할 양이 많다면 무리하지 말고 2회에 나누어 진행하는 것도 고려해 본다.

대부분의 일이 그렇듯 감수회의 역시 일에 대한 합당한 대가가 주어질 때 책임감과 참여 동기가 높아진다. 감수 수당을 합리적으로 책정하고, 안내·지급하는 것도 잊지 말아야 한다.

## 감수회의 진행

### 아이스 브레이킹

진행자는 감수회의를 본격적으로 시작하기 전에 편하게 이야기
나눌 수 있는 환경을 조성해야 한다. 분위기가 편해야 솔직하게
의견을 말할 수 있다. 서로 초면이라면 간단히 자기소개를 하면서
얼굴 익히는 시간을 갖게 한다. 근황을 나누거나 감수 주제와
관련된 질문을 띄워 자연스레 이야기 나누게 하는 것도 좋다.
이때 간식을 준비하면 분위기가 한결 부드러워진다.
진행자는 이 시간을 이용해 감수위원들의 소통 방식과 성격을
파악할 수 있다. 참여자를 이해하면 감수회의를 좀 더 원활하게
이끌어 갈 수 있다.

### 회의 자료 설명하기

분위기가 어느 정도 조성됐으면 감수 자료의 주제와 핵심을
간략하게 설명한다. 무슨 자료인지, 왜 만들었는지, 어떻게
활용되는지 안내하고, 감수위원들의 경험과 연관된 부분이
있다면 상기시킨다.

### 자료 검토하기

자료 전체를 다 읽는 게 좋지만, 분량이 100쪽 이상이고
감수회의를 한 번에 끝내야 한다면 중요한 부분 위주로 살펴본다.
한두 쪽 읽고 읽은 부분에 대해서 이야기 나눈 다음, 또 한두 쪽을
읽는 방식이 좋다. 한꺼번에 읽고 뒤에서 얘기를 나누려고 하면
앞의 내용을 기억하지 못해 감수하기 어려운 경우가 생긴다.

**당사자 감수 체크리스트**

| 점검할 사항 | 체크 |
|---|---|
| 이해하기 어려워하는 단어는 없는가? | ☐ |
| 동음이의어 등을 현재 문맥에 맞게 이해하는가? | ☐ |
| 문장의 호흡이 너무 길어서 읽기 힘들어하진 않는가? | ☐ |
| 주요 문장의 핵심 내용을 잘 이해하는가? | ☐ |
| 배경지식 등 이해를 돕기 위해 더 추가해야 할 정보는 없는가? | ☐ |
| 이미지가 가리키는 내용을 오류 없이 이해하는가? | ☐ |
| 글과 이미지를 잘 연결하여 이해하는가? | ☐ |
| 서체, 색 등의 디자인 요소가 읽기를 방해하진 않는가? | ☐ |
| 글이 너무 빽빽해서 읽기 힘들어하진 않는가? | ☐ |
| 표에 들어간 내용을 이해하는가? | ☐ |

## 감수회의 진행 요령

### 집중력 유지하기

감수회의를 해보면 알겠지만 2시간도 결코 짧은 시간이 아니다. 감수위원들의 컨디션과 반응을 중간중간 살피고 휴식시간, 간식 시간을 적절히 활용해 집중력이 떨어지지 않도록 도와야 한다. 읽는 방법을 다양하게 하는 것도 집중력을 유지하는 좋은 방법이다. 다 같이 소리 내어 읽기, 번갈아 가며 읽기, 속으로 읽고 내용 말하기 등을 섞으면 지루하지 않아 집중력을 유지하는 데 도움이 된다.

참고로, 소리 내어 읽는 방법은 걸러야 할 단어를 알아내는 데도 유용하다. 매끄럽게 읽히지 않는 말은 입에 붙지 않은, 낯선 단어일 확률이 높다. 그런 단어는 표시해 두었다가 더 익숙한 단어가 없는지 찾아본다.

### 열린 질문 던지기

네, 아니요로 답할 수 있는 질문보다는 당사자들의 생각을 알아볼 수 있는 질문을 던져 보자. '이 문장이 혹시 어렵나요?'라고 묻는 대신 '어떤 표현이 어려웠나요?' '방금 그 문장이 어떤 내용으로 이해되었나요?'라고 물어야 한다.

### 객관식으로 묻기

어려운 단어가 나왔을 때 어떤 단어로 대체하면 좋을지 주관식으로 묻는 건 좋은 방법이 아니다. 몇 가지 적절한 보기를 주고, 감수위원들의 반응(이해도, 선호도, 친숙도 등)을 살펴 가장 적절한 것을 선택하자.

### 충분히 기다리기

질문을 했으면 생각하고 답할 수 있는 시간을 충분히 줘야 한다. 기다려도 답변이 없다면, 질문을 바꿔 다시 묻거나 예시를 들어 묻는 등 생각을 촉진하기 위해 노력해야 한다. 단, 답변에 대한 압박을 주어서는 안 된다. 어느 정도 노력을 기울여도 대답하기 어려워하면 넘어가자.

### 기회를 고르게 주기

감수위원 중에는 나서서 말하기 좋아하는 사람도 있고 그렇지 않은 사람도 있을 수 있다. 일부에게만 답변 기회가 주어지지 않도록, 한두 사람에게 지나치게 많은 시간이 할애되지 않도록 안배하는 것도 진행자의 역할이다.

## 감수 내용 정리

감수회의가 끝나면 회의 때 나온 내용들을 다시 살펴보면서 어떻게 수정할지 정해야 한다. 감수회의에서 나온 내용을 모두 다 반영하느냐고 묻는다면, 답은 '그렇지 않다'이다. 대체할 만큼 적절한 대안을 찾지 못했거나, 당사자들의 의견이 분분할 때는 담당자가 판단할 수밖에 없다. 내용을 이해하는 데 결정적 영향을 미치는 부분들에 대해서는 반드시 해결 방안을 찾아야 하지만 그렇지 않은 경우엔 자료의 목적, 활용도를 고려해 통합적인 관점에서 수정 범위와 내용을 정한다.

모두를 100% 만족시킬 콘텐츠는 없는 법. 쉬운 정보를 만들 때도 어느 정도 한계가 있음을 인정해야 한다. 한편, 전문성이 요구되거나 법적 검토가 필요한 주제 등은 발달장애인 당사자 외에 관련 전문가에게 추가로 감수를 받아야 한다. 쉬운 글로 바꾸는 과정에서 생략되거나 왜곡된 내용이 없는지 꼭 확인하도록 하자.

# 9 인쇄·제작

드디어 인쇄를 넘길 일만 남았다!
제작 기간은 시기에 따라, 업체에 따라,
제작 공정에 따라 조금씩 다르지만 보통 일주일
정도 소요된다. 데이터를 마감한 후에 인쇄 업체를
알아보면 원하는 때에 제작물을 받기 어려울 수 있다.
쉬운 정보를 작업하는 동안 일정, 비용, 서비스 등을
고려해 인쇄 업체를 미리 정하도록 하자.

## 오프셋 인쇄

오프셋 인쇄는 인쇄판과 잉크를 사용하여 인쇄하는 방식을 말한다. 인쇄를 준비하기까지 시간이 많이 소요되고 인쇄를 하기 위한 초기 비용도 많이 들기 때문에 소량 인쇄에는 적합하지 않다. 오프셋 인쇄는 인쇄 수량이 많을수록 단가가 내려가고 디지털 인쇄보다 색상이 잘 구현되는 편이어서 책, 교과서 등 대량으로 제작해야 하는 상업용 인쇄물에 많이 이용된다.

인쇄를 맡길 때는 종이, 색도, 인쇄 수량 등 인쇄소와 소통해야 할 부분이 많다. 정확한 의사소통이 중요하므로 견적을 낼 때나 제작을 의뢰할 때는 구두로 전달하지 말고 반드시 제작의뢰서를 작성해 전달하도록 한다.

인쇄는 제작의 시작일 뿐이다. 인쇄 후에는 제본, 코팅 등 후속 작업이 기다리고 있다. 인쇄 후의 작업이 낯설고 업체를 일일이 찾기도 어렵다면 제본, 후가공까지 원스톱으로 진행해 주는 업체를 찾아보자.

# 『선거를 부탁해』 제작의뢰서

## 1. 도서 정보

| 판형 | 130X190 |
|---|---|
| 쪽수 | 64쪽(삽지 별도) |
| 제본형식 | PUR 제본 |
| 출간일 | 20   년   월   일 |

## 2. 제작 사양

|  | 용지 품명 | 인쇄도수 | 후가공<br>(코팅, 박 등) | 특이사항 |
|---|---|---|---|---|
| 표지 | 랑데뷰 내추럴화이트 210g | 4도 | 무광코팅, 에폭시 | PUR 제본 |
| 본문 | 미색 모조 120g | 4도 |  |  |
| 면지 | 삼화밍크 120g 보라색 |  |  |  |
| 화보 |  |  |  |  |
| 띠지 |  |  |  | 있음 |
| 삽지 | 삽지(3단 접지) | 4도 |  | 단면 인쇄 |
| 합지 |  |  |  |  |
| 초판부수 | 1,000부 |  |  |  |

## 3. 기타

| 데이터 마감일 | 20   년   월   일 |
|---|---|
| 입고 희망일 | 20   년   월   일 |
| 요청 사항 |  |

## 디지털 인쇄

독립 출판, 자가 출판이 활발해지면서 디지털 인쇄로 책자를 제작하는 일이 많아졌다. 디지털 인쇄는 오프셋 인쇄로 제작할 때보다 시간이 덜 걸린다. 인쇄 품질도 예전에 비해 많이 좋아졌다. 권당 제작비가 비싸긴 하지만 1부부터 제작할 수 있기 때문에 소량 인쇄를 할 때 특히 유용하다.
디지털 인쇄 업체는 인터넷 포털 사이트에서 쉽게 찾을 수 있다. 업체 홈페이지에서 바로 견적을 내볼 수 있으니 몇 군데를 비교해 보고 결정하면 된다.

출처: 인터프로인디고

… # + 외주 제작

지금까지 쉬운 정보 제작 방법에 대해 알아보았다.
그런데 쉬운 정보를 자체 제작하기 어려운
상황이라면? 그럴 땐 쉬운 정보를 제작하는
외주 업체를 통해 제작할 수 있다.
일을 알고 맡기는 것과 모르고 맡기는 것은 다르다.
일을 알고 맡기면 소통의 오류를 줄일 수 있고,
그 결과 작업 기간 대비 양질의 결과물을 얻을 수 있다.
외주 업체를 통해 제작할 때는 앞에서 설명한 과정에
두 가지 과정이 추가된다. 본 장에서는 추가되는
과정에 대해서 살펴보기로 한다.

## 쉬운 정보 외주 제작 과정

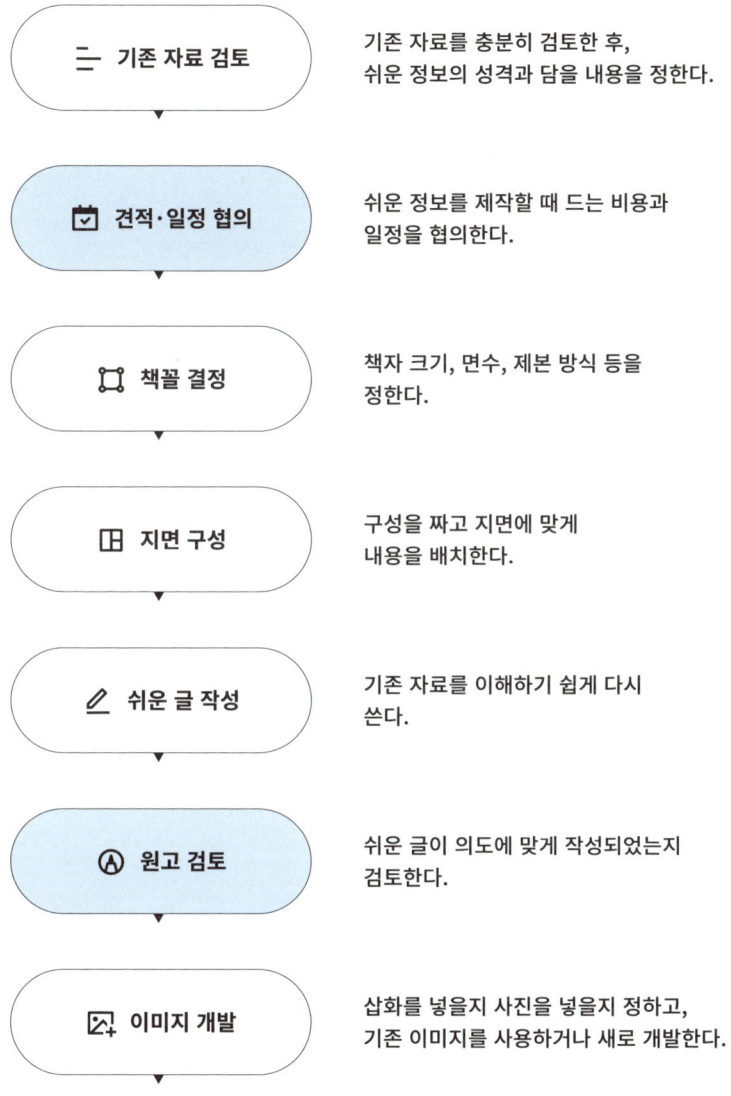

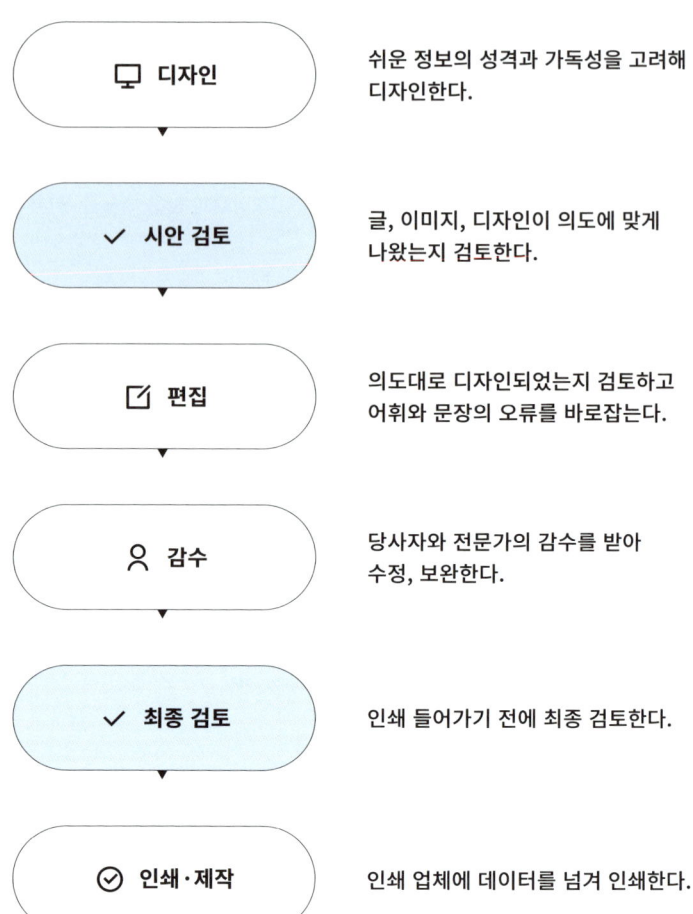

## 견적 및 일정 협의

외주 제작을 맡기기 전에 살펴야 할 가장 중요한 요소는 예산일 것이다. 제작비는 크게 두 가지로 나누어 볼 수 있다.

- 작업에 드는 공력에 대한 비용: 기획, 쉬운 글 작성, 삽화 개발, 디자인
- 실물 제작에 드는 비용: 인쇄, 제본, 배송 등

전자에 대해 협의하려면 '무엇을, 어떻게 만들지'에 대한 밑그림을 가지고 있어야 한다. 내용의 난이도, 분량, 그림 개수, 디자인 스타일 등에 따라 작업자의 공력이 달라지기 때문이다. 후자에 대해 협의하려면 업체에 원하는 제작 사양을 전달해야 한다. 책자 크기, 쪽수, 부수, 제본 방식 등에 따라 제작비가 달라지기 때문이다. 구두로 설명하기 어렵다면, 원하는 사양이 적용된 실물을 보여 주는 게 좋다. 원하는 제작 사양이 없다면 업체와 논의하면 된다. 주요 독자가 누구인지(발달장애인/모든 기관 이용자/그 외 정보약자 등), 제작 후 어떻게 활용할지(기관 내 비치/개별 배포/온라인 게시 등), 작업물을 언제까지 받고 싶은지 등을 미리 공유하자.

**외주 업체에 전달해야 할 정보**

| | |
|---|---|
| **주제 및 범위** | (예)<br>주제: 감염병 예방 정보<br>범위: 기관 이용 시 예방수칙 < 사회적 거리두기 지침 |
| **자료 유형** | ☐ 인쇄물  ☐ 온라인 콘텐츠  ☐ 그 외 |
| **용도** | ☐ 홍보물  ☐ 교육 자료  ☐ 그 외 |
| **크기** | ☐ A4  ☐ B5  ☐ A5  ☐ 그 외 |
| **분량** | (       )면 |
| **인쇄 사양(부수, 제본 방식 등)** | |

## 검토 (원고 검토-시안 검토-최종 검토)

이 책에서는 검토 과정을 세 번으로 나누어 소개하지만 자료나 상황에 따라 검토 횟수나 시점은 조금씩 달라질 수 있다. 각 검토 단계에서 무엇을 중점적으로 봐야 하는지 알아본다는 생각으로 살펴보자.

### 원고 검토

먼저 원고 검토 과정에서는 들어가야 할 정보가 충분히 포함되었는지 확인한다. 중요한데 빠진 정보가 없는지 또는 불필요한 정보가 담기지 않았는지 살펴보는 것이다. 다음으로는 내용과 문장이 적절한지 검토한다. 사실과 다른 부분이 없는지, 전체적인 흐름이 자연스러운지, 전달하고자 하는 바를 명확하게 표현하고 있는지 등을 확인한다. (69쪽 체크리스트 참고)

이런 사항을 원고 검토 단계에서 충분히 검토하고 수정해야 이후 작업이 순조롭다. 디자인 작업이 진행된 후에 구성과 글을 바꾸려 하면 처음부터 다시 작업하는 것과 마찬가지의 공력이 필요하다. 삽입 이미지에 대한 의견도 이 단계에서 논의하는 게 좋다. 발달재활 서비스에 대한 삽화로 언어재활(치료) 장면을 넣었는데 기관에 언어재활(치료) 과정이 없다면 다시 그려야 한다. 이용률이 높거나 소개하고 싶은 교육 과정을 외주 업체에 미리 전달하면 불필요하게 소모되는 시간과 공력을 줄일 수 있다.

## 시안 검토

시안 검토 단계에서는 먼저 글과 이미지를 확인한다. 최종 합의한 원고가 누락 없이 잘 들어갔는지, 이미지가 글이 설명하는 바를 효과적으로 표현하고 있는지를 확인한다. 다음에는 디자인을 점검한다. 전체 레이아웃, 서체, 주요 컬러 등이 원하는 방향에 부합하는지를 살피는 것이다. 글과 이미지가 서로 잘 연결되도록 배치됐는지, 사용한 색이 정보 이해나 가독성에 문제가 되지 않는지, 여백이 적절한지, 목차 스타일이 위계에 맞게 잘 적용되었는지 등을 확인한다. (69쪽 체크리스트 참고)
삽화도 이 단계에서 검토한다. 삽화 스케치를 검토할 때는 삽화가 글의 내용에 잘 들어맞는지 꼼꼼히 살펴야 한다. 또, 실무자뿐 아니라 의사 결정에 관계된 모든 사람이 함께 검토하는 게 좋다. 함께 검토하고 합의한 의견을 외주 업체에 전달해야 이후 작업이 순조롭다. 간혹 채색을 다 마친 후에 삽화에 메시지가 충분히 담기지 않았다거나 실무자와 상급자의 의견이 다르다는 이유로 삽화를 수정해 달라고 하는 경우가 있는데 이는 작업 효율을 매우 떨어뜨리기 때문에 바람직하지 않다.

## 최종 검토

최종 검토는 일을 매듭짓는 단계다. 먼 길 나서기 전에 집 내부를 둘러보고 문을 잠그는 것처럼 인쇄를 맡기기 직전에 전체를 훑어보고 정리, 마감하는 시간인 것이다. 따라서 이 단계에서는 꼭 필요한 경우가 아니라면 글과 이미지에 손을 대지 않는 게 좋다. 조금 더 좋게 하겠다고 손을 대다가 자칫 큰 오류를 낼 수 있기 때문이다.

최종 검토 단계에서는 수정 요청한 내용 중 누락되거나 잘못 반영된 게 없는지, 오탈자나 기관명 오류 등 사소해 보이지만 작업물의 완성도를 떨어뜨리는 요소가 없는지를 위주로 살핀다.

## 더 멋진 협업을 위해 알아야 할 것들

제작하고 싶은 쉬운 정보가 있고, 예산이 있고, 제작을 맡길 업체도 생각해 두었다. 그럼 모든 준비가 끝난 것일까? 그렇지 않다. 업무 이해에 대한 간극이 좁을수록 협업이 원활하고 결과물도 좋아진다. 협업을 위해 알아 두면 좋을 몇 가지를 함께 생각해 보고자 한다.

### 제작 방향 합의하기

쉬운 정보를 제작할 때는 기획부터 인쇄까지 정보를 활용할 발달장애인 당사자를 중심에 두어야 한다. 디자인의 심미성과 당사자의 접근성이 상충될 때는 당사자의 접근성을 우선해야 하고, 기관의 홍보와 당사자의 알 권리가 상충될 때는 당사자의 알 권리를 최우선적으로 보장해야 한다.

### 쉬운 정보의 작업 특성 이해하기

쉬운 정보는 일반 홍보물에 비해 추가되는 과업이 많다. 전달 내용에 대한 자료 조사, 정보 선별, 콘텐츠 형식과 흐름 기획, 글 작성, 이미지 개발 등등. 그만큼 현실적인 제작 기간과 비용이 확보되어야 한다. 시간과 비용이 충분히 고려될 때 쉬운 정보는 더 쉬운, 더 보기 좋은 모습으로 태어난다.

### 제작물 형태 고민하기

쉬운 정보가 정말 쉬우려면 콘텐츠의 내용(소프트웨어)뿐 아니라 제작물의 형식(하드웨어)도 고려되어야 한다. 쉬운 정보의 주제,

내용, 활용 방법 등을 결정할 때 제작물 형태도 함께 고민해야
한다는 뜻이다. "알아서 해주세요"라고 외주 업체에 떠맡기는
것보다 담당자의 기획과 고민이 더해질 때 더 완성도 높은
결과물이 만들어진다.

### 이미지 사용 목적 이해하기

'쉬운 정보=그림 많은 자료'라고 생각하는 경우가 더러 있는데,
앞에서 지속적으로 안내했듯이 쉬운 정보는 내용과 형식을
면밀히 고려한 결과물이어야 한다. 그림을 어디에 넣을지, 왜
넣을지 고민한다면 서로 의미 있는 논의를 할 수 있다.

### 제작 방향 공유 및 레퍼런스 제공하기

원하는 내용이나 방향 또는 디자인이 있을 경우 작업 초기에
구체적으로 명확하게 공유해야 한다. "예쁘게 해주세요!"라고 할
때 예쁘다는 기준은 사람마다 다르기 때문에 '느낌적인 느낌'이
되어 생각 외의 결과물이 나오기 쉽다. 참고할 만한 자료가 있다면
미리 제공해 주어야 한다. 기획이나 디자인이 진행된 후에 의견을
제시하면 에너지도 시간도(때로는 비용도) 모두 낭비하게 된다.
어떤 내용을 담고 싶은지(목차), 생각하는 디자인 스타일은
무엇인지 명확하게 전달할수록 작업 기간이 단축되고 원하는
결과물을 얻을 수 있다.

### 최종 자료 전달하기

원고는 최종본으로 전달한다. 작업을 하고 있는 도중에 수정
원고를 건넨다면 이 역시 원점으로 회귀하는 셈이 된다. 시간

낭비도 문제지만 프로젝트에 대한 외주 담당자의 의욕이
줄어든다는 점도 무시할 수 없는 손실이다.

## 고해상도의 원본 이미지 전달하기

이미지는 300dpi 이상의 고화질 원본 파일로 제공한다. 가끔
기관의 CI를 낮은 해상도로 전달하는 경우가 있는데, 해상도가
낮은 파일을 억지로 확대하면 이미지가 깨지거나 화질이 떨어져
제작물의 품질이 형편없게 된다.
또, 이미지는 처음 보는 사람도 삽입 위치를 알 수 있도록 정리해서
전달해야 한다. 장별 폴더를 만들고 폴더 안의 파일명은 삽입
쪽수나 제목과 일치시킨다.

## 합의된 의견 전달하기

외주 업체에 검토 의견을 전달할 때는 내부 합의가 우선되어야
한다.
기관의 실무자, 부서장, 기관장의 관점이 모두 다를 수 있기 때문에
내부 합의 없이 진행했다간 뒤늦게 대공사를 하느라 정작 중요한
작업에 시간을 쓰기 어려운 상황이 생긴다. 결과적으로 초기의
제작 방향과 기획마저 흔들린 제작물이 나오기도 한다.

## 협업 이해하기

꼼꼼하게 본 것 같은데도 희한하게 볼 때마다 수정하고 싶은
게 사람 마음이다. 더 좋은 결과물을 얻고 싶어하는 마음은
이해하지만 한없이 수정만 하고 있을 순 없다. 수정을 거듭한다고
더 좋은 결과물이 나오는 것도 아니다. 사실, 협업은 서로 약속한

기간과 공정 안에서 이루어질 때 더 빛을 발한다. 기간과 공정을
지킨다는 건 매 단계에서 해야 할 일을 서로 충실히 수행했다는
의미기도 하기 때문이다. 막바지 수정은 좀 더 신중할 필요가
있다. 최종 수정을 거친 데이터는 이미 그림이며 여백이 가장
최선의 모습으로 자리를 잡은 상태다. 수정이 몇 글자 안 된다고
해도 글자 외의 것들을 만져야 하는 상황이 발생하고, 시간이
급박한 경우에는 수정하다가 더 큰 오류를 내기도 한다. 빈대
잡으려다 초가 태우는 격인 셈이다. 단계별 검토 사항을 확인하고
제때 검토한다면 그러한 위험을 무릅쓰고까지 반드시 수정해야
하는 일은 생기지 않을 것이다. 87~89쪽으로 돌아가 단계별 검토
사항을 한 번 더 확인하자.

## 저작권 이해하기

창작물의 저작권은 기본적으로 창작자에게 있다. 비용을
주었다고 하여 돈을 낸 사람이 저절로 저작권을 갖는 건 아니다.
개발된 일러스트 등을 다른 용도로 사용하고 싶다면 비용 협의
단계에서 미리 논의해야 한다는 점을 알아 두자.

# 부록 1
## 쉬운 정보 예시

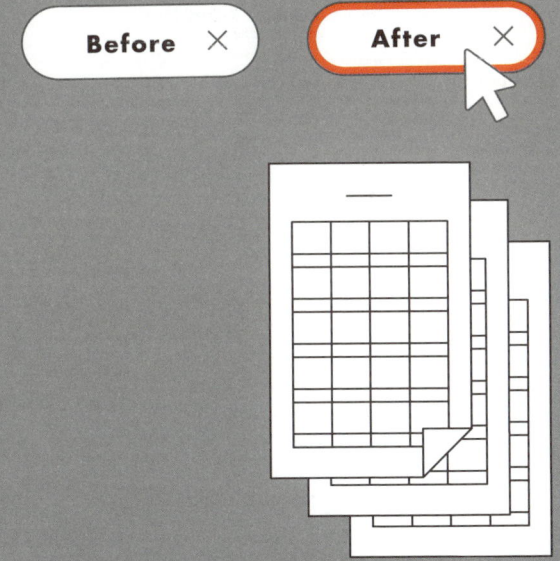

# 1  공공 정보

코로나19 관련 정보, 복지정책 정보 등 공공기관에서 제작·배포하는 자료를 쉬운 정보로 만들었다.

Before

**장애인을 위한 코로나19 안내서** | A4 | 24쪽 | 중철제본
코로나19가 무엇이고, 안전하게 생활하기 위해 지켜야 할 수칙이 무엇인지 알려 준다.

**After**

## 자가격리하는 사람이 지켜야 할 것

1. 외출을 하지 않습니다. 병원 등 외출을 꼭 해야 할 때는 먼저 보건소에 연락해 알립니다.
   - 자가격리해야 할 사람이 외출하면, 감옥에 가거나 벌금을 낼 수 있습니다.

2. 나만의 공간에서 혼자 생활합니다.
   - 방문은 닫은 채로 창문을 열어 공기를 맑게 합니다.
   - 밥은 혼자 먹습니다.

3. 가족 등 다른 사람들과 가까이 하면 안 됩니다.
   - 여럿이 대화하거나 몸이 닿지 않도록 합니다.
   - 화장실, 세면대를 혼자 사용합니다.
     (여럿이 쓸 때는 사용 후 락스 등으로 소독합니다.)

4. 수건, 그릇, 수저 등 물건을 따로 사용합니다.
   - 빨래나 설거지도 따로 합니다.

5. 손을 자주 깨끗하게 씻고 마스크를 씁니다.

Before

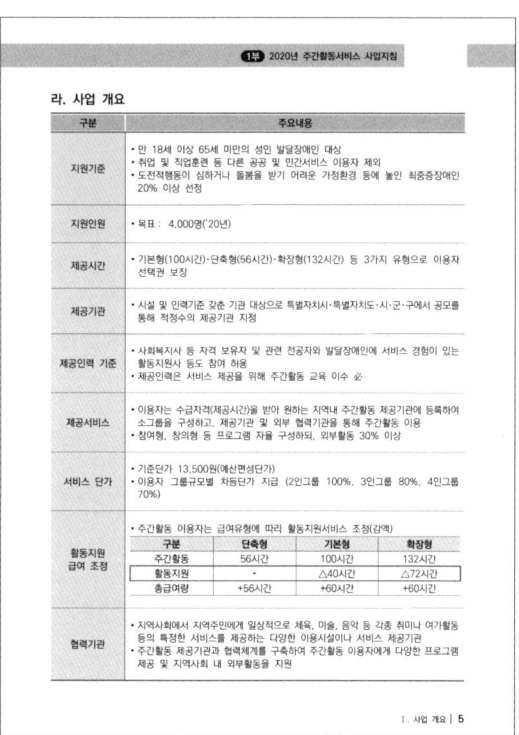

**발달장애인 주간활동서비스 쉬운 안내** | A4 | 8쪽 | 중철제본
성인 발달장애인을 대상으로 주간활동서비스를 쉽게 안내하는 자료다.

**After**

## 주간활동서비스는?

**신청할 수 있는 사람**　발달장애인 (나이: 만 18세부터 만 64세까지)

**신청할 수 없는 사람**　직장에 다니고 있거나 직업훈련을 하는 사람(1달에 60시간 넘게 일, 훈련하는 경우)
학교에 다니는 사람(졸업을 앞둔 사람은 졸업증명서를 내면 신청할 수 있습니다.)
낮 시간에 다른 기관을 이용하는 사람(1주일에 9시간 넘게 이용하는 경우)
거주시설에 사는 사람

**이용 시간**　1달 동안 이용할 수 있는 시간이 정해져 있습니다.
아래 3가지 중에서 골라서 신청할 수 있고,
실제로 이용하는 시간은 수급자격심의위원회에서 정합니다.

 **56시간** 　내 활동지원서비스 시간과 상관없이
단축형　주간활동 56시간 이용

 **100시간** 　내 활동지원서비스 시간에서 40시간을 가져와서
기본형　주간활동 100시간 이용

 **132시간** 　내 활동지원서비스 시간에서 72시간을 가져와서
확장형　주간활동 132시간 이용

## 2  기관 소개 자료

기관을 소개하고 기관에서 진행하는 사업 등을 안내하는 자료를 쉬운 정보로 만들었다.

Before

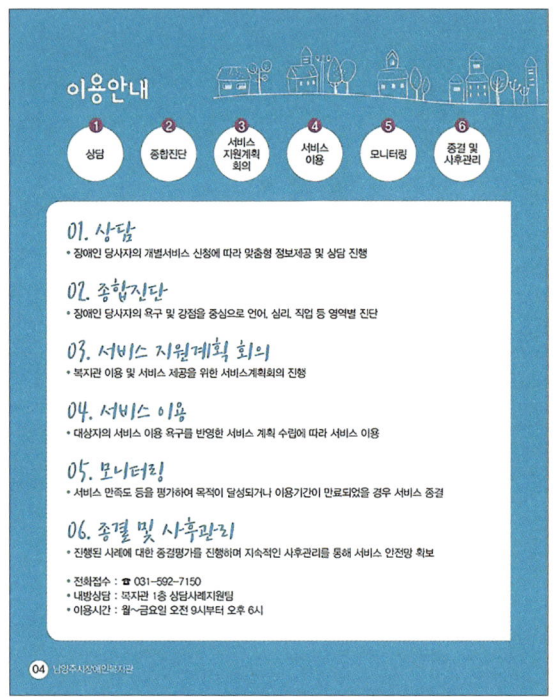

**남양주시장애인복지관을 소개합니다** | A4 | 16쪽 | 중철제본
복지관 이용 방법, 프로그램 등을 안내한다.

**After**

## 복지관 이용 순서

**1 신청하기**

복지관을 이용하고 싶다고 말합니다.
복지관 번호 031-592-7150

**2 이야기 나누기**

필요한 것, 원하는 것을
복지관 직원과 이야기 나눕니다.

**3 계획하기**

어떤 서비스를 이용할지
함께 계획을 세웁니다.

**4 이용하기**

서비스를 이용합니다.

## Before

| 프로그램안내 | | 어린이 & 청소년 | | | |
|---|---|---|---|---|---|
| 프로그램 | 내용 | 대상 | 일시 | 이용료 | 문의 |
| 상상드림 프로젝트 | 상시 놀이터 운영과 놀권리 향상 프로그램 | 초등학생 누구나 (놀이터이용 시 인원제한) | 상시 | 무료 | 공동체지향팀 |
| 꿀잼 | 다문화이해교육 및 가족나들이 프로그램 | 다문화 17가정 | 매주 토 10:00-12:00 | 무료 | 공동체지향팀 |
| 반송희망 플러스센터 '공유공간 반울림' | 공유공간 내 다양한 프로그램(먹거리나눔, 재능공유 및 놀이활동) | 아동 및 지역주민 누구나 | 매주 월-금 10:00-17:00 | 무료 | 마을지향팀 |
| 한마음 | 자원봉사활동 및 청소년사회참여활동 | 청소년 (14-16세) | 매주 화 16:00-17:00 | 무료 | 공동체지향팀 |
| 아미고 | 자원봉사활동 및 청소년사회참여활동 | 청소년 (17-19세) | 매주 토 13:00-14:00 | 무료 | 공동체지향팀 |
| 반울림 | 골목길문화형성 및 확산 활동 | 청소년 (20-25세) | 상시 | 무료 | 공동체지향팀 |

| 프로그램안내 | | 지역주민 | | | |
|---|---|---|---|---|---|
| 프로그램 | 내용 | 대상 | 일시 | 이용료 | 문의 |
| 가치가자 | 교통약자의 접근성 향상을 위한 활동 진행 | 지역주민 누구나 | 상시 | 무료 | 공동체지향팀 |
| 골목복지관 | 주민참여형 공유공간프로그램 (ex. 어르신한글교실, 영어교실 등) | 지역주민 누구나 | 상시 10:00-16:00 | 무료 | 마을지향팀 |
| 동수리오형제 | 주민주도형 동아리 운영 | 지역주민 누구나 (5인이상 모임) | 상시 | 무료 (동아리별 재료비발생) | 마을지향팀 |
| 푸른송정배학습센터 'Cheer up 맘' | 푸드아트테라피 자격증 취득 프로그램 | 반송 내 자녀를 두고 있는 어머니 10명 | 매주 수 10:00-12:00 | 5만원 (자격증발급비 용별도) | 공동체지향팀 |

**반송종합사회복지관 프로그램 안내** | A4 | 8쪽 | 중철제본
기관에서 이용할 수 있는 프로그램을 소개하는 책자다.

### After

# 어린이·청소년을
## 위한 프로그램

| 프로그램 | 이용할 수 있는 사람 | 이용시간 | 이용료 |
|---|---|---|---|
| **상상드림 프로젝트**<br>어린이의 놀 권리를 위한 다양한 활동,<br>놀이터 운영 (복지관 5층) | 초등학생<br>누구나 | 매주<br>월요일부터 토요일<br>낮 1시부터 5시까지 | 무료 |
| **꿀잼**<br>다문화가정 자녀를 위한 교육 프로그램,<br>가족나들이 활동 | 다문화가정<br>(17가정) | 매주 토요일<br>낮 10시부터<br>12시까지 | 무료 |
| **한마음**<br>청소년들이 함께 하는 자원봉사, 사회참여활동 | 청소년<br>(중학생) | 매주 화요일<br>낮 4시부터 5시까지 | 무료 |
| **아미고**<br>청소년들이 함께 하는 자원봉사, 사회참여활동 | 청소년<br>(고등학생) | 매주 토요일<br>낮 1시부터 2시까지 | 무료 |
| **반올림**<br>대학생들이 함께 하는 골목길 문화 만들기 활동 | 대학생 | - | 무료 |
| **반송희망 플러스센터**<br>**'공유공간 반올림'**<br>지역주민 누구나 이용할 수 있는 공간 운영,<br>(장산길행복마을 지하1층)<br>다양한 프로그램<br>(먹거리 나눔, 재능나눔, 놀이활동 등) | 아동, 지역주민<br>누구나 | 월요일부터 금요일<br>낮 10시부터<br>5시까지 | 무료 |

# 3 권익 향상

국회의원 의정활동 내용, 차별·학대 시 신고 안내 포스터 등
권리를 알고 지키는 데 필요한 쉬운 정보를 만들었다.

Before

> 03
> 장애인개발원에 말했습니다.
> **"장애인식개선교육은 의무교육입니다"**
>
> '장애인식개선교육'
> - 2016년, 장애인복지법 개정을 통해 법정 의무교육이 됨
> - 연 1회 필수 진행
> - 대상: 국가 및 지방자치단체, 어린이집, 유치원, 초/중/고/대학교, 공공기관, 지방공사 및 공단, 특수법인 등
>
> 왜 필요한가요? (무엇이 문제인가요?)
> '인식개선'은 고용, 정치, 경제 등 모든 영역과 맞닿아 있습니다.
>
> 장애인식개선교육이 법정 의무화 된 지 4년!
> 그러나,
> - 교육대상 기관들의 평균 이행률은 65%,
> - 장애인정책 주무부처인 복지부는 27%, 국회의원은 0%였습니다.
> - 강사와 직접 대면하는 교육보다는 인터넷, 동영상 등 원격교육이 늘어나고 있습니다.
> - 기관을 사칭한 교육사기도 우려되는데 이에 대한 관리도 안 되고 있습니다.
>
> <최혜영 의원>이 이렇게 바꿔달라고 했습니다
> 장애인식개선교육이..
> - 의례적이고 형식적인 교육이 되지 않아야 합니다.
>   *의무라 듣는 것이 아니라 '꼭 필요해서' 듣는 교육이 되어야 합니다.
> - 매년 듣는 의무교육인 만큼 다양한 수준의 교육 자료가 만들어져야 합니다.
> - 교육기관과 강사의 체계적 관리가 필요해요!!!
>   *더 이상 법정의무교육을 사칭하지 못하게 관리가 필요합니다.

**최혜영 의원이 물었습니다** 이해하기 쉬운 국정감사 질의내용 10 | A4 | 24쪽 | 중철제본
최혜영 국회의원의 2020년 국정감사 질의내용 일부를 쉽게 설명한 자료다.

After

## 03
한국장애인개발원에 말했습니다.

# "장애인식개선교육*은 의무교육입니다"

* **장애인식개선교육**  사람들이 장애, 장애인에 대한 올바른 생각을 가질 수 있게 돕는 교육. 나라에서 운영하는 모든 기관, 학교와 어린이집, 유치원 등에서는 이 교육을 1년에 1번 꼭 받아야 한다.

장애인식 개선교육

Before

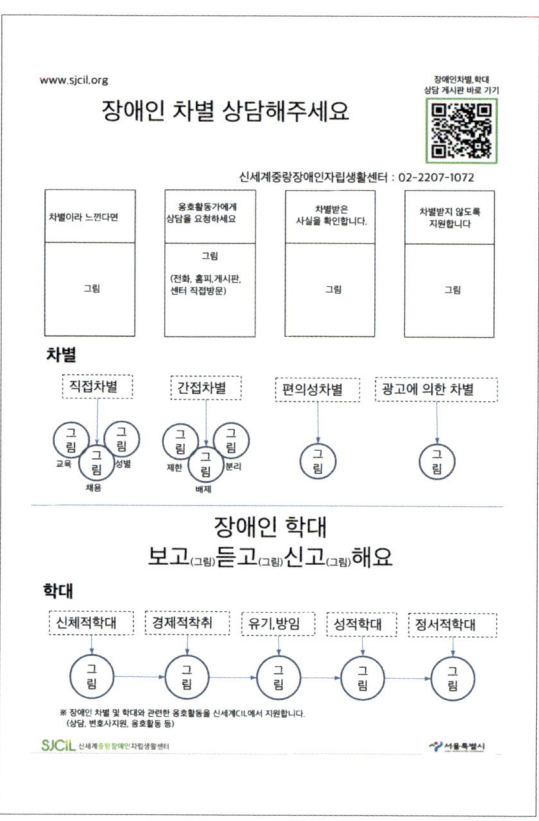

**장애인 차별·학대 상담해 주세요** | A2 | 1쪽
장애인 차별 및 학대 상황을 이해하고 신고할 수 있도록 안내하는 포스터다.

After

# 장애인 차별·학대

## 상담해 주세요

장애를 이유로 기회와 접근에 제한을 두는 것은 차별입니다. 장애인은 공정한 기회를 제공받을 권리가 있습니다.

신세계중랑자립생활센터
02-2207-1072

상담 게시판 바로 가기
sjcil.org

입학 거부

채용 거부

성 차별

제한

배제

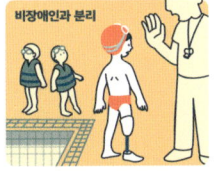
비장애인과 분리

편의성 차별

광고에 의한 차별

학대

SJCIL 신세계중랑장애인자립생활센터    서울특별시

## 4  생활 밀착 정보

알뜰폰 가입 시 설정 방법, 영화관 이용하는 법, 지하철 이용 안내 등 일상생활과 밀접하게 관련된 주제를 쉬운 정보로 만들었다.

Before

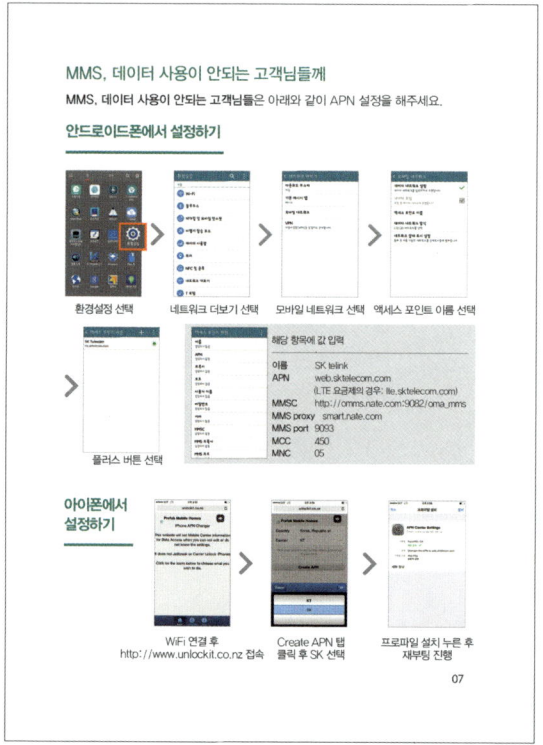

**SK7모바일 이해하기 쉬운 착한 가입 안내서** | A5 | 12쪽 | 중철제본
정보 약자를 고려해 SK텔링크와 함께 SK7 모바일 가입안내서를 만들었다.

### After

sk 7mobile

## MMS, 데이터 사용이 안 되는 경우

- **MMS**(Multimedia Messaging Service) : 긴 문자, 사진을 포함한 문자

### 안드로이드폰에서 설정하기

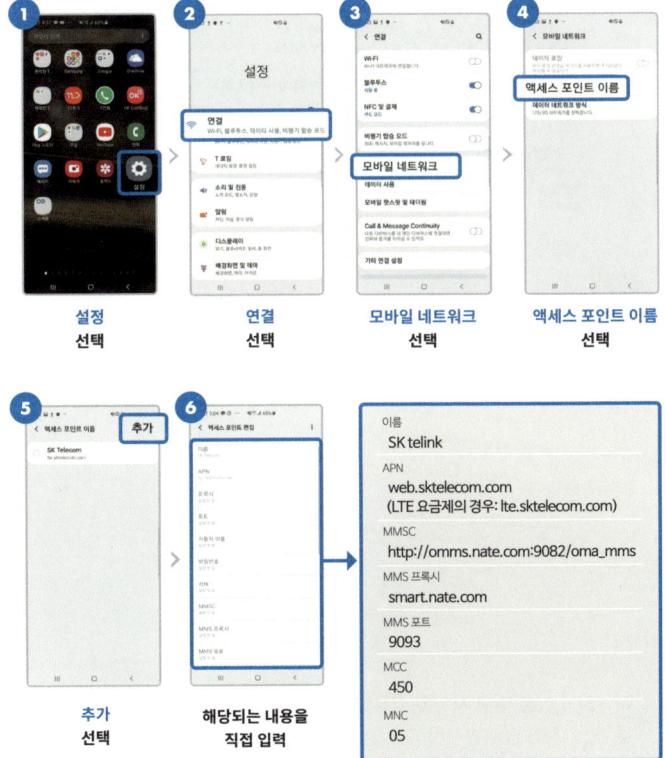

1. 설정 선택
2. 연결 선택
3. 모바일 네트워크 선택
4. 액세스 포인트 이름 선택
5. 추가 선택
6. 해당되는 내용을 직접 입력

**이름** SK telink
**APN** web.sktelecom.com (LTE 요금제의 경우: lte.sktelecom.com)
**MMSC** http://omms.nate.com:9082/oma_mms
**MMS 프록시** smart.nate.com
**MMS 포트** 9093
**MCC** 450
**MNC** 05

❗ 문자, 통화는 되지만 데이터는 이용할 수 없는 경우, 액세스 포인트 이름(APN) 기본 설정을 초기화 해주세요.

Before

3. 장애인 우대권 이용방법

사진5 (우대권)

☐ 우대권 사용 가능한 사람
: 장애인복지카드를 갖고 있는 장애인 당사자 그리고 그 보호자 1명

☐ 우대권을 사용하려면 :
- 우대권은 발급받은 그 날에만 사용 할 수 있어요.
- 지하철을 탈 때마다 매번 발급 받아서 바로 사용해야 합니다.
- 우대권 발급은 우대권 발급기에 장애인복지카드를 올려놓으면 우대권이 발급 됩니다.
- 복지카드를 올려놓을 때 사진이 아래로 가도록 올려놓고 우대권 발급 후 복지카드는 꼭! 다시 챙겨 주세요.

☐ 우대권 발급 방법 :
  우대권 발매기에서 장애인복지카드를 사진이 아래로 가도록 올려놓으면 화면에 '인식중입니다. 잠시만 기다려 주세요.' 라는 문구가 나오고 잠시후 자동으로 우대권이 나옵니다.

**이해하기 쉬운 대구 지하철 이용방법** | A5 | 28쪽 | 중철제본
대구시 지하철 타는 법, 갈아타는 법 등을 알기 쉽게 알려 준다.

**After**

## 3. 장애인 우대권 이용방법

### ▍사용하기 전에 알아 두세요

- 장애인복지카드를 가진 장애인, 그리고 같이 타는 사람 1명까지 사용할 수 있습니다.

- 우대권을 발급받은 날에만 사용할 수 있습니다.
  (오늘 받은 우대권은 내일 사용할 수 없습니다.)

- 지하철을 탈 때마다 새로 발급받아서 사용해야 합니다.

 ◀ 우대권

### 지하철을 탈 때마다 우대권을 발급받기 불편하다면

- 계속 사용할 수 있는 우대용 교통카드를 사용하세요.
- 내가 사는 동네 주민센터나 신한카드 회사에 신청하면 됩니다.
  (신한카드 ☎ 1544-7000)

# 5  자립생활 정보

가사 활동, 출산 및 육아, 돈 관리 등 자립생활에 필요한 주제를 쉬운 정보로 만들었다.

Before

빨래 (세탁기이용하기)는 어떻게 할까요?

■ ⊙세탁물은 구분하여 세탁 한다.
⇒검정색(청바지 류 포함)/흰색/색깔옷/수건 및 속옷 등

■ 속옷과 양말은 손빨래가 좋다

■ 입었던 (속옷)옷에는 먼지와 땀이 묻어 있어서 매일 갈아입고 세탁하여야 한다.

■ 모든 얼룩은 바로바로 세탁해야 얼룩이 잘 지워진다.

■ 인형이나 쿠션도 한달에 한번 세탁한다.

**슬기로운 자립생활준비 가사편 집 청소와 관리하기** | A4 | 20쪽 | 중철제본
청소, 빨래, 분리수거 등 집을 치우고 관리하는 데 필요한 정보를 알려 준다.

After

# 빨래하기

● 빨래할 때 기억할 것

옷을 종류별, 색깔별로 나누어 빠는 게 좋습니다.

흰옷은 흰옷끼리, 검은 옷은 검은 옷끼리 모아서 빨래합니다.

속옷과 양말은 매일 갈아입고 세탁합니다. 속옷은 빨래비누를 이용해 손으로 세탁합니다.

인형이나 쿠션도 1달에 1번 세탁합니다.

# 6 직업 관련 정보

농사 매뉴얼, 보조코치 매뉴얼 등 특정 업무를 할 때 알아야 할 내용을 쉬운 정보로 만들었다.

Before

**슬기로운 농부생활 발달장애인을 위한 농사 매뉴얼** | B5 | 120쪽 | 무선제본
농사일에 필요한 기본적인 내용과 함께 작물별 농사 방법을 알려 준다.

**After**

# 1
## 고추

| 5월 | 8월부터 |
|---|---|
| 심는 시기 | 수확 시기 |

### 고추는
- 가지과에 속해요
- 따뜻한 날씨를 좋아해요
- 열매, 잎을 수확해요
- 그대로 먹거나 요리 재료로 쓰거나 장으로 만들어요
- 비타민 A, C가 풍부해요

### 고추의 종류

붉은고추

풋고추

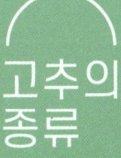
꽈리고추

피망, 파프리카

Before

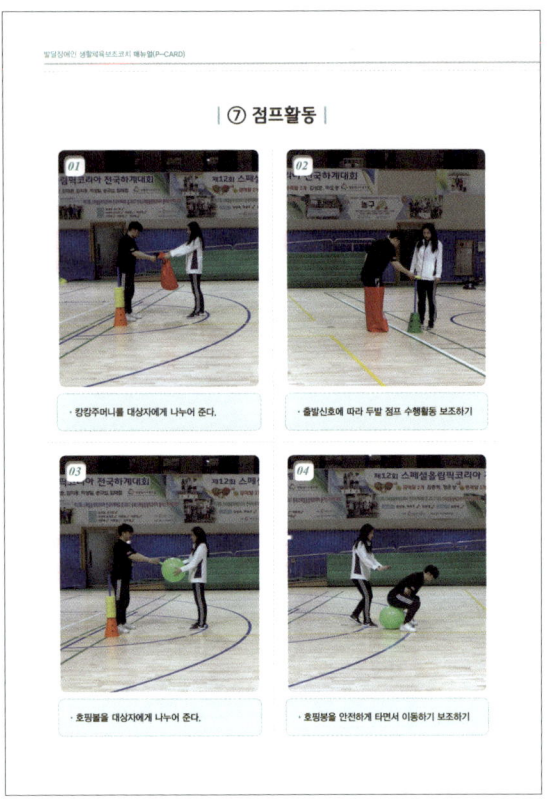

**발달장애인 생활체육보조코치 매뉴얼** | B5 | 120쪽 | PUR 제본
발달장애인을 위한 특수체육 보조코치 직무 교육 자료다.

# After

발달장애인 생활체육보조코치 매뉴얼

## 7. 점프

**필요한 운동도구**

원탑 / 스틱 / 도넛링 / 캉캉주머니 / 호핑볼

**준비** 출발과 도착 위치에 원탑과 스틱을 설치하고 도넛링을 꽂아둔다.

캉캉주머니를 참여자에게 하나씩 나누어 준다.

참여자가 캉캉주머니를 이용해 점프하면서 도넛링을 도착 위치에 옮겨 넣도록 한다.

호핑볼을 참여자에게 나누어 준다.

호핑볼을 타면서 이동하는 것을 돕는다.
안전하게 탈 수 있도록 안내한다.

# 7  서식/양식

근로계약서, 신탁계약서 등 계약을 맺거나 서비스를 이용할 때 사용하는 서식을 쉬운 정보로 만들었다.

Before

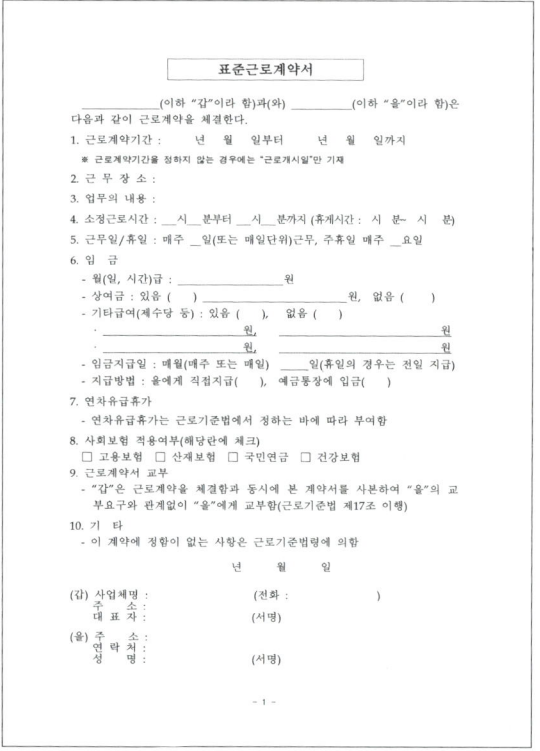

**이해하기 쉬운 근로계약서** | A4 | 3쪽
취업 후 회사와 함께 작성하는 근로계약서다.

**After**

# 근로계약서

일을 하고 돈을 받는 것에 대해 회사와 직원이 약속하는 문서

_____회사_____와
_____직원_____은
다음과 같이 일하기로 약속한다.

**1. 일하는 기간**

　　　　년　　　　월　　　　일 부터
　　　　년　　　　월　　　　일 까지

일하는 기간을 정하지 않을 때에는
일을 시작하는 날짜만 쓴다.

**2. 일하는 장소**

**3. 일하는 내용**

( Before )

### 금전신탁계약서

○○○(이하 "위탁자"라 한다.)은/는 금전을 사단법인 한국자폐인사랑협회(이하 "수탁자"라 한다.)에게 다음과 같이 신탁한다.

제 1조 (신탁계약의 목적)
이 신탁계약은 한국자폐인사랑협회가 신탁금전을 보존 및 관리하고 아래의 표시와 같이 수익자에게 필요한 비용으로 사용하기 위함이다.

☐ 주거 ☐ 의료 ☐ 취미생활 ☐ 용돈 ☐ 채무상환
☐ 신탁재산관리 ☐ 요금납부
☐ 교육 ☐ 기타:

**이해하기 쉬운 금전신탁계약서** | A4 | 8쪽 | 중철제본
신탁 서비스를 이용할 때 작성하는 신탁계약서다.

`After`

## 약속합니다

- 나 _____ 은/는
  한국자폐인사랑협회에 돈을 맡기기로 약속한다.
- 한국자폐인사랑협회는 나의 돈을 안전하게 관리한다고 약속한다.

---

### 1. 돈을 맡기는 이유

돈을 안전하게 보관하고
관리하기 위해서 맡긴다.

필요한 곳에
돈을 잘 사용하기 위해서 맡긴다.

**돈은 아래와 같은 곳에 쓸 수 있다.**
☐ 집값(집 사는 돈, 전세, 월세 등)
☐ 병원비, 약값
☐ 취미생활
☐ 빚 갚기
☐ 신탁재산관리(부동산 등)
☐ 전기요금, 전화요금 등 내기
☐ 원하는 것 배우기
☐ _____

# 8  교양서

앎을 더하고 삶을 풍요롭게 하는 교양 상식을 쉬운 정보 형태로 펴냈다.

Before

**자연이 알려주는 우리 속담** | 152×210 | 90쪽 | 무선제본
생태 정보를 속담과 함께 배운다.

**After**

자연 이야기

# 고양이와 음식

사람들은 고양이가 뭐든 좋아하는 줄 아는데
사실은 그렇지 않다.
햄, 소시지, 어묵처럼 소금이 많은 음식은 위험하다.
고양이 몸에 소금이 많이 쌓이면 건강에 매우 좋지 않다.
고양이는 레몬, 식초처럼 신맛 나는 음식을 싫어하고
카페인이 들어 있는 초콜릿을 많이 먹으면
토하기도 한다.

빵, 소시지, 우유는
고양이에게 위험하다.

레몬, 초콜릿은
고양이가 싫어한다.

# 9  사인물

복지관 등 발달장애인이 주로 이용하는 공간 안에서 보게 되는 사인물도 쉬운 정보로 만들 수 있다.

Before

**이해하기 쉬운 사인물** | 20cm×20cm
무엇을 하는 공간인지 쉽게 이해되도록 공간 이름에 삽화를 더했다.

After

건강증진실

세미나실

휴게실

집단활동실

상담실

식당

## 부록 2
# 쉬운 정보 체크리스트

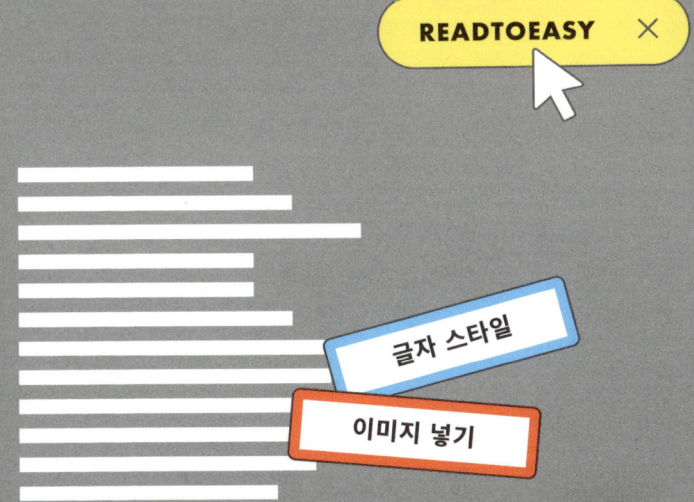

## 문장

### 지나치게 담거나 생략하지 않았는가

쉬운 정보에서 가장 중요한 것은 '꼭 알아야 할 정보'를 쉽게 설명하는 것이다. TMI*는 아닌지, 반대로 너무 생략하진 않았는지 점검한다. 점검 기준은 당연히 독자(발달장애인)여야 한다.

장애인연금은 본인과 배우자의 소득인정액이 선정기준액 이하인 경우 지급되며, 소득인정액은 월 소득평가액과 재산의 소득환산액을 더한 것이다.

↳ 장애인연금은 나의 소득이 나라에서 정한 소득보다 적은 경우에 받을 수 있다.

### 이 단어는 정말 쉬운가

쉬운 정보 제작 과정에서 어려운 것 중 하나가 바로 어휘 선택이다. 쉬운 글을 쓸 때는 내가 아는 단어라도 의미가 맞는지 의심하고 사전을 통해 정확한 의미를 확인할 것을 권한다. 그렇게 사전적 의미를 찾아보다 보면 더 어울리는, 더 쉬운 단어를 선택할 수 있다.

거미는 소식을 하고, 성장 속도가 느립니다.

↳ 거미는 적게 먹고, 천천히 자랍니다.

---

* Too Much Information의 줄임말로 필요 이상의 정보를 제공하는 것을 뜻하는 신조어

### 이 문장은 정말 쉬운가

쉬운 단어를 선택하라고 했지만 쉬운 글을 작성할 때 단어 하나하나를 의식하면 안 된다. 맥락 안에서 바라보지 않고 어휘 하나하나에 연연하면 전체 흐름을 봤을 때 쉽지 않은 정보가 될 가능성이 크다.

시민옹호인 매칭 및 자조모임 지원 사업

↳ 지지해 주는 시민들과 연결하기 및 스스로 돕는 모임을 지원하는 사업 하기(×)

↳ 발달장애인과 지역주민이 함께 활동하며 어울려 살 수 있도록 지원합니다.(○)

### 꼭 알아야 할 표현까지 바꾸지 않았는가

쉬운 정보는 사람들과 함께 살아가는 데 도움을 주기 위한 것이다. 꼭 알아야 할 단어나 표현은 어렵더라도 그대로 사용하고 어떤 의미인지, 어떤 상황에서 사용하는지 알려 줘야 한다. 모두 다 쉽게 바꿔 오히려 소통을 어렵게 만든다면 쉬운 정보의 목적에서 크게 벗어난 게 된다.

나의 개인정보를 다른 사람에게 알려 주지 않습니다.

↳ 개인정보는 한자어지만 일상에서 자주 사용되는 표현이기 때문에 그대로 사용하는 게 더 낫다.

## 필요 이상의 수식을 사용하지 않았는가

군더더기가 많으면 그만큼 전달성이 떨어진다. 정보 전달 측면에서 꼭 필요한 수식만 사용했는지 점검하자.

그 복지관은 지하철역에서 그렇게 멀지 않고 가까워서 좋다.
↳ 그 복지관은 지하철역에서 가까워서 좋다.

## 1번과 한 번 중에 무엇을 선택했는가

쉬운 정보에서 수는 아라비아 숫자로 표기해야 한다. 아라비아 숫자가 한글보다 더 빠르고 정확하게 인지되기 때문이다.

나는 출근할 때 버스를 세 번 갈아탄다.
↳ 나는 출근할 때 버스를 3번 갈아탄다.

## 능동형의 문장을 사용했는가

우리말에서 피동문은 부자연스럽고 이해하기 어려울 때가 많다. 꼭 필요할 때가 아니라면 능동문을 쓴다.

선생님은 우리에게 좋은 사람이라고 평가받는다.
↳ 우리는 선생님을 좋은 사람이라고 생각한다.

## 일상의 언어를 사용했는가

일상에서 자주 쓰는 익숙한 표현과 구어체를 사용한다.

태풍 내습 시 조심하세요.

↳ 태풍이 오니 조심하세요.

# **이미지**

## 삽화와 사진 중 적절한 이미지를 선택했는가

쉬운 글을 보조하는 삽화와 사진 중 무엇을 사용할지는 정보의 성격에 따라 결정한다. 특정 장소나 인물, 물건 등을 설명하는 경우나 경험한 것을 연상하는 데는 사진이, 어떠한 상황이나 새로운 개념을 설명하는 데는 삽화가 더 적절하다.

- 스마트폰 앱 다운로드 받기: 삽화　👍**사진**
- 장애인 학대 피해 사례:　👍**삽화**　사진

## 삽화가 글의 전체 의미를 담고 있는가

삽화는 글의 전체 의미를 담고 있어야 한다. 일부 의미만 담으면 왜곡될 우려가 있다. 한편 심미성을 우선하는 삽화는 정보 전달 도구로 적합하지 않다. 또, 정보를 보다 정확히 전달하려면 삽화를 새로 개발하는 게 바람직하다.

**열이 나거나 콧물이 나거나 코로나19 증상이 나타나면 보건소나 1339에 전화합니다.**

## 통일성이 있는가

등장인물들의 모습(헤어스타일, 복장 등)을 정보 안에서 동일하게 유지하여 헷갈리지 않도록 해야 한다. 또, 한 자료에 여러 인물이 등장하면 복잡할 수 있으므로 등장인물의 수를 제한하는 게 좋다.

## 인권적인 부분을 고려하였는가

이미지 사용 시 성인지적 관점, 인권적인 관점에서 문제될 게 없는지 살핀다.

- 의사, 변호사 등 전문직 등장인물을 남성으로만 묘사하거나 사회복지사, 요양보호사 등의 직군을 여성으로만 설정하지 않기

- 발달장애인 당사자를 비장애인과 동등한 관계로 묘사하기 상하관계로 비칠 수 있는 제스처 등은 지양하기

# 디자인

글줄 간격은 적절한가

글줄 간격은 한글 기준 180~200% 정도가 적당하며, 문단과 문단 사이는 행간을 더 넓게 하여 시각적으로 내용 구분이 가능하도록 한다.

 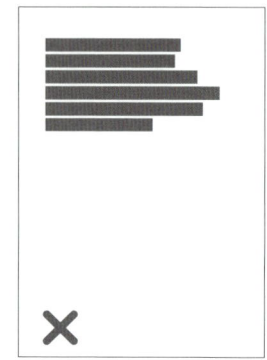

글과 이미지는 명확하게 매치되는가

글과 이미지는 눈에 보이지 않는 시각 정렬선을 이용하여 상-하, 좌-우로 위계가 느껴지도록 배치해야 명확하게 이해된다.

## 글은 왼쪽맞춤을 했는가

글이 왼쪽맞춤으로 되어 있는지 확인한다. 줄바꿈 시 의미가 나뉘는 부분에서 단어가 끊기지 않도록 한다.

줄바꿈 시 의미가
나뉘는 부분에서
단어가 끊기지
않도록 한다.

줄바꿈 시 의미
가 나뉘는 부분에
서 단어가 끊기
지 않도록 한다.

## 여백은 적절한가

여백은 또 하나의 형태다. 여백이 지나치게 작으면 읽기가 부담스럽고 눈도 몹시 피로해진다. 여백이 지나치게 크면 불필요한 공간이 많아 보여 여백보다는 공백의 느낌을 준다.
읽기의 부담을 덜고 내용에 집중할 수 있는 적절한 여백을 주어야 한다.

페이지가 많을 경우 안쪽 공간을 넉넉하게 주어 책을 펼쳤을 때 글자가 안으로 들어가 보이지 않도록 한다.

## 쪽 번호 표기

쉬운 정보에는 되도록 쪽 번호를 넣는 게 좋다. 정보에 혼란을 주지 않기 위해서기도 하고 교육 자료일 경우에는 필요한 부분을 함께 찾아볼 때 쉽게 찾을 수 있어 유용하다. 쪽 번호는 기능적, 심미적으로 만족스러운 곳에 놓여야 한다. 지면의 위나 아래, 오른쪽이나 왼쪽에 자유롭게 배치가 가능하다. 본문을 읽는 데 쪽수 표기가 방해되지 않는지 주의한다.

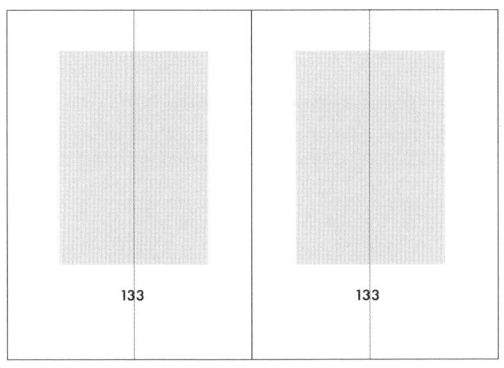

글의 중앙에 배치된 쪽 번호는 차분한 인상을 준다.

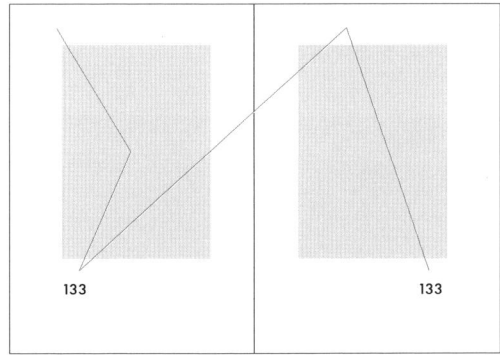

글의 모서리에 배치된 쪽 번호는 역동적인 인상을 준다.

## 쉬운 정보 제작 시 기억해야 할 10가지

1. 발달장애인의 알 권리를 최우선에 둔다. 정보 제공이 목적이라는 걸 모든 제작 과정에서 기억한다.

2. 발달장애인의 참여를 곳곳에 배치한다. 발달장애인이 기획 단계에 참여하면 구성의 완성도가 높아지고, 완성 단계에 참여하면 쉬운 정보의 완성도가 높아진다.

3. 쉬운 정보의 형식은 다양하다. 주제, 활용 방법에 따라 쉬운 정보의 제작 형식(인쇄물, 영상 등)을 고려한다.

4. 쉽다는 기준은 사람마다 다르다. 정보를 접하는 사람의 특성, 경험을 고려해 쉬운 정보를 만든다.

5. 삶의 변화를 이끌어 내는 정보가 좋은 정보다. 새로운 것을 경험하고 삶을 확장할 수 있는 기회를 제공한다.

6. 어려운 표현을 무조건 쉽게 바꾸지 않는다. 다른 사람과 소통하며 살아가는 데 필요한 표현은 그대로 두고 그 뜻을 쉽게 설명한다.

7. 발달장애인의 생활 연령을 고려한다. 성인을 위한 정보에 유아적 표현이나 이미지를 사용하지 않는다.

8. 이미지가 많다고 쉬운 건 아니다. 정보 전달에 필요하다고 여겨질 때 적절히 배치 및 사용한다.

9. 세상에 완벽한 쉬운 정보는 없다. 계속 보완되고 발전되어야 한다.

10. 쉬운 정보는 발달장애인을 지원하는 여러 방법 중 하나다. 쉬운 정보로 모든 것을 해결할 수 없으며, 사람에 따라 인적 지원이 수반되어야 한다.

## 쉬운 정보의 5가지 기능

1. **알 권리를 지키는 정보**
   
   복지서비스를 몰라서 신청하지 못하거나, 중요한 정보를 이해하지 못해서 불이익을 당하는 일이 없어야 한다.
   
   "아! 그게 차별이구나. 이제 알았어요. 앞으로 나에게 그런 말 하는 사람이 있으면 차별이니까 하지 말라고 할 거예요."
   
   – 차별, 학대 관련 쉬운 정보를 본 A

2. **삶의 주체성을 살리는 정보**
   
   쉬운 정보를 통해 필요한 것, 원하는 것을 이해하고 선택할 수 있어야 하며, 자신이 원하는 삶을 살 수 있어야 한다.
   
   "오늘 회사에서 소소한소통이 만든 근로계약서로 계약했어요. 내용이 쉬워서 다른 사람한테 물어보지 않고 회사와 하는 약속이 어떤 건지 이해할 수 있었어요."
   
   – 쉬운 근로계약서로 근로 계약을 체결한 B

3. **지식을 쌓고 익히는 정보**

   새롭게 쏟아지는 정보와 지식을 알고 익힐 수 있어야 한다.

   "코로나 관련 어려운 말이 너무 많았는데, 무슨 뜻인지 이제 잘 알겠어요."

   – 코로나19 관련 쉬운 정보를 본 C

4. **새로운 경험의 기회를 제공하는 정보**

   단조로운 삶을 벗어나 새로운 것을 시도할 수 있는 경험을 제공한다.

   "아! 나도 유튜브 직접 해봐야지."

   – 유튜브 크리에이터 되는 법 쉬운 영상을 본 D

5. **사회, 타인과 관계를 잇는 정보**

   지역사회에서 보통의 삶을 살고 다른 사람과 관계를 유지하는 데 도움이 되어야 한다.

   "장례식장 예절 안내책을 보고 왔어요. 쉽게 알려 주니까 괜찮았어요."

   – 처음 조문하러 가는 길에 쉬운 장례식장 예절 안내를 본 E

나오며

# 발달장애인의 소소한 일상에
# 쉬운 정보가 스며들 수 있기를

쉬운 정보를 만들다 보면 짜릿할 만큼 기쁘고 보람된 순간이 있다.
바로 쉬운 정보가 실제 발달장애인의 '앎'을 돕고
발달장애인의 '삶'의 변화를 이끄는 순간이다.

"소소한소통에서 만든 책을 보고 오늘 된장찌개를 만들었어요.
정말 쉽던데요!"
라는 메시지를 받았을 때의 기쁨! 쉬운 정보가 필요한 이유다.

발달장애인은 준비되어 있다. 이해할 수 있도록 쉽게 알려 주기만
하면, 원하는 것을 선택하고 새로운 경험과 도전을 할 준비가.
하지만 아직은 일상 곳곳에서 쉽지 않은 정보를 접하며 수동적인
선택을 할 수밖에 없는 것이 발달장애인의 현실이다.

쉬운 정보 제작에 대한 책이 오래전부터 필요하다고 생각했다.
매일 만들어 내고 있는 쉬운 정보가 어떻게 만들어지는지, 어떻게
만들어야 하는지 발달장애인을 지원하는 실무자들에게 알려야

한다고 생각했다. 어쩌면 알려야 한다는 책임에 더 가까울지도
모르겠다.
쉬운 정보가 발달장애인의 일상에 스며든다면 발달장애인이
조금 더 능동적, 주체적으로 살 수 있다고 믿기 때문이다.
이 믿음이 한 발자국 나아가도록 기꺼이 도와주신 분들, 특히
경상남도발달장애인지원센터 장정은 팀장, 장애인지역공동체
조민제 사무국장, 다릿돌장애인자립생활센터 권수진 국장과
이지수 활동가에게 깊이 감사드린다.

모든 일이 정성을 들일수록 만듦새가 좋아지겠지만, 쉬운 정보를
만드는 일은 특히 더 그렇다. 책에서 설명하는 9단계의 과정
하나하나 허투루 지나치지 말고 만들어 보자. 어느새 만듦새를
갖춘 쉬운 정보가 눈앞에 있을 것이다. 그리고 그 정보는
발달장애인의 '삶'에 새로운 변화를 가져올 것이다.

참고문헌

강정배 외, 『발달장애인 정책정보 접근성 제고에 관한 연구』.
　(보건복지부·한국장애인개발원, 2015)
김성희 외, 『2017년 장애인실태조사』. (보건복지부·한국보건사회연구원, 2017)
서울시읽기쉬운자료개발센터, 『발달장애인이 읽기 쉬운 자료 제작 안내서』,
　(서울시읽기쉬운자료개발센터, 2018)
손지영 외, 『읽기 쉬운 자료 제작 가이드라인 및 전문가 양성 교육과정 개발 연구』
　(서울시읽기쉬운자료개발센터, 2018)
안상수·한재준·이용제, 『한글디자인 교과서』(안그라픽스, 2009)
원유홍·서승연·송명민, 『타이포그래피 천일야화: 한글 타이포그래피의 개념과
　실제』(안그라픽스, 2019)
열린책들 편집부 엮음, 『열린책들 편집 매뉴얼 2020』(열린책들, 2020)
앰브로즈 해리스, 『그리드GRIDS』(2nd Edition), 신혜정 옮김, (안그라픽스, 2014)
요제프 뮐러 브로크만, 『디자이너를 위한 그리드 시스템GRID SYSTEMS IN GRAPHIC
　DESIGN』, 오윤성 옮김, (비즈앤비즈, 2017)
한국지적발달장애인복지협회, 『읽기 쉬운 문서 만들기 안내서』,
　(한국지적발달장애인복지협회, 2017)
헤라르트 윙어르, 『당신이 읽는 동안: 글꼴, 글꼴 디자인, 타이포그래피』, 최문경
　옮김, (워크룸프레스, 2013)
CHANGE, 『읽기 쉬운 문서 만들기 안내서』, 한국지적발달장애인복지협회 옮김,
　(한국지적발달장애인복지협회, 2017)